中华人民共和国保守国家秘密法

问答普及版

中国法制出版社

编 辑 说 明

2024 年 2 月 27 日，第十四届全国人民代表大会常务委员会第八次会议修订通过了《中华人民共和国保守国家秘密法》（以下简称《保守国家秘密法》），修订后的《保守国家秘密法》共6 章 65 条。《保守国家秘密法》的修订，是加强保密法治建设的重大成果，是健全国家安全体系的必然要求，对于推动保密工作高质量发展，维护国家主权、安全、发展利益具有重要而深远的意义。为了普及国家秘密保护方面的知识，帮助广大群众学习《保守国家秘密法》，我们特编写了本书。

本书主要包含以下内容：

1. **《保守国家秘密法》条文、条旨**。条文内容采用双色印刷，以提升读者阅读体验，并且每条均有精练的条旨，可以帮助读者快速了解检索法条内容。此外，本书还以波浪线的形式标注本次《保守国家秘密法》修订之处，帮助读者了解新规定、新精神。

2. **普法问答**。本书精选了一些与《保守国家秘密法》条文内容相关联的知识点并加工成问答形式，旨在帮助读者更好地学习理解法律条文。

3. **关联规定**。本书在法条下方标注相关联的法律、法规名称及条文序号，方便读者查找关联内容，进一步学习相关的法律、法规规定。

4. **典型案例**。本书收录了一些与国家秘密保护工作相关的典型案例，帮助广大读者增强保密意识，以案为鉴，从身边事做起，做到警钟长鸣，慎之又慎。

目　录

中华人民共和国
保守国家秘密法

（1988 年 9 月 5 日第七届全国人民代表大会常务委员会第三次会议通过　2010 年 4 月 29 日第十一届全国人民代表大会常务委员会第十四次会议第一次修订　2024 年 2 月 27 日第十四届全国人民代表大会常务委员会第八次会议第二次修订　2024 年 2 月 27 日中华人民共和国主席令第 20 号公布　自 2024 年 5 月 1 日起施行）

目　　录

第一章 总 则

第一条 立法目的

为了保守国家秘密，维护国家安全和利益，保障改革开放和社会主义现代化建设事业的顺利进行，根据宪法，制定本法。

关联规定

《宪法》第五十三条、第七十六条

第二条 国家秘密概念

国家秘密是关系国家安全和利益，依照法定程序确定，在一定时间内只限一定范围的人员知悉的事项。

第三条 党管保密工作领导体制

坚持中国共产党对保守国家秘密（以下简称保密）工作的领导。中央保密工作领导机构领导全国保密工作，研究制定、指导实施国家保密工作战略和重大方针政策，统筹协调国家保密重大事项和重要工作，推进国家保密法治建设。

第四条 保密工作原则

保密工作坚持总体国家安全观，遵循党管保密、依法管理，积极防范、突出重点，技管并重、创新发展的原则，既确保国家秘密安全，又便利信息资源合理利用。

法律、行政法规规定公开的事项，应当依法公开。

普法问答

1. 什么是国家安全?

《国家安全法》第二条规定，国家安全是指国家政权、主权、统一和领土完整、人民福祉、经济社会可持续发展和国家其他重大利益相对处于没有危险和不受内外威胁的状态，以及保障持续安全状态的能力。

党的二十大报告指出，国家安全是民族复兴的根基，社会稳定是国家强盛的前提。必须坚定不移贯彻总体国家安全观，把维护国家安全贯穿党和国家工作各方面全过程，确保国家安全和社会稳定。

我们要坚持以人民安全为宗旨、以政治安全为根本、以经济安全为基础、以军事科技文化社会安全为保障、以促进国际安全为依托，统筹外部安全和内部安全、国土安全和国民安全、传统安全和非传统安全、自身安全和共同安全，统筹维护和塑造国家安全，夯实国家安全和社会稳定基层基础，完善参与全球安全治理机制，建设更高水平的平安中国，以新安全格局保障新发展格局。

2. 公民和组织应当履行哪些维护国家安全的义务？

《国家安全法》第七十七条规定，公民和组织应当履行下列维护国家安全的义务：

（1）遵守宪法、法律法规关于国家安全的有关规定；

（2）及时报告危害国家安全活动的线索；

（3）如实提供所知悉的涉及危害国家安全活动的证据；

（4）为国家安全工作提供便利条件或者其他协助；

（5）向国家安全机关、公安机关和有关军事机关提供必要的支持和协助；

（6）保守所知悉的国家秘密；

（7）法律、行政法规规定的其他义务。

任何个人和组织不得有危害国家安全的行为，不得向危害国家安全的个人或者组织提供任何资助或者协助。

3. 政府信息公开的范围是什么？

《政府信息公开条例》第十三条规定，除本条例第十四条、第十五条、第十六条规定的政府信息外，政府信息应当公开。行政机关公开政府信息，采取主动公开和依申请公开的方式。

第十四条规定，依法确定为国家秘密的政府信息，法律、行政法规禁止公开的政府信息，以及公开后可能危及国家安全、公共安全、经济安全、社会稳定的政府信息，不予公开。

第十五条规定，涉及商业秘密、个人隐私等公开会对第三方合法权益造成损害的政府信息，行政机关不得公开。但是，第三方同意公开或者行政机关认为不公开会对公共利益造成重大影响的，予以公开。

第十六条规定，行政机关的内部事务信息，包括人事管理、后勤管理、内部工作流程等方面的信息，可以不予公开。行政机关在履行行政管理职能过程中形成的讨论记录、过程稿、磋商信函、请示报告等过程性信息以及行政执法案卷信息，可以不予公开。法律、法规、规章规定上述信息应当公开的，从其规定。

关联规定

《国家安全法》；《政府信息公开条例》

第五条　国家秘密法律保护原则和保密义务、违法追究

国家秘密受法律保护。

一切国家机关和武装力量、各政党和各人民团体、企业事业组织和其他社会组织以及公民都有保密的义务。

任何危害国家秘密安全的行为，都必须受到法律追究。

关联规定

《宪法》第五十三条；《国家安全法》第七十七条；《公务员法》第十四条、第五十九条；《刑法》；《刑事诉讼法》第五十四条、第一百五十二条

第六条　保密行政管理体制

国家保密行政管理部门主管全国的保密工作。县级以上地方各级保密行政管理部门主管本行政区域的保密工作。

国家保密局的主要职责是什么？

中共中央保密委员会办公室和国家保密局，一个机构两块牌子，列入中共中央直属机关下属机构序列，承办中共中央保密委员会日常事务工作，依法履行保密行政管理职能。

关联规定

《保守国家秘密法实施条例》第二条；《科学技术保密规定》第六条

第七条　机关、单位保密工作职责

国家机关和涉及国家秘密的单位（以下简称机关、单位）管理本机关和本单位的保密工作。

中央国家机关在其职权范围内管理或者指导本系统的保密工作。

普法问答

国家科学技术行政管理部门在科学技术保密工作方面的主要职责是什么？

国家科学技术秘密，是指科学技术规划、计划、项目及成果中，关系国家安全和利益，依照法定程序确定，在一定时间内只限一定范围的人员知悉的事项。

《科学技术保密规定》第二十六条规定，国家科学技术行政管理部门管理全国的科学技术保密工作。主要职责如下：

（1）制定或者会同有关部门制定科学技术保密规章制度；

（2）指导和管理国家科学技术秘密定密工作；

（3）按规定审查涉外国家科学技术秘密事项；

（4）检查全国科学技术保密工作，协助国家保密行政管理部门查处泄露国家科学技术秘密案件；

（5）组织开展科学技术保密宣传教育和培训；

（6）表彰全国科学技术保密工作先进集体和个人。

国家科学技术行政管理部门设立国家科技保密办公室，负责国家科学技术保密管理的日常工作。

🖐 关联规定

《科学技术保密规定》

第八条　机关、单位保密工作的基本要求

机关、单位应当实行保密工作责任制，依法设置保密工作机构或者指定专人负责保密工作，健全保密管理制度，完善保密防护措施，开展保密宣传教育，加强保密监督检查。

🖐 普法问答

1. 机关、单位在科学技术保密工作方面的主要职责是什么？

《科学技术保密规定》第二十八条规定，机关、单位管理本机

关、本单位的科学技术保密工作。主要职责如下：

（1）建立健全科学技术保密管理制度；

（2）设立或者指定专门机构管理科学技术保密工作；

（3）依法开展国家科学技术秘密定密工作，管理涉密科学技术活动、项目及成果；

（4）确定涉及国家科学技术秘密的人员（以下简称涉密人员），并加强对涉密人员的保密宣传、教育培训和监督管理；

（5）加强计算机及信息系统、涉密载体和涉密会议活动保密管理，严格对外科学技术交流合作和信息公开保密审查；

（6）发生资产重组、单位变更等影响国家科学技术秘密管理事项时，及时向上级机关或者业务主管部门报告。

2. 涉密科学技术项目如何加强保密管理？

《科学技术保密规定》第三十四条规定，涉密科学技术项目应当按照以下要求加强保密管理：

（1）涉密科学技术项目在指南发布、项目申报、专家评审、立项批复、项目实施、结题验收、成果评价、转化应用及科学技术奖励各个环节应当建立保密制度；

（2）涉密科学技术项目下达单位与承担单位、承担单位与项目负责人、项目负责人与参研人员之间应当签订保密责任书；

（3）涉密科学技术项目的文件、资料及其他载体应当指定专人负责管理并建立台账；

（4）涉密科学技术项目进行对外科学技术交流与合作、宣传展示、发表论文、申请专利等，承担单位应当提前进行保密审查；

（5）涉密科学技术项目原则上不得聘用境外人员，确需聘用境外人员的，承担单位应当按规定报批。

3. 涉密科学技术成果如何加强保密管理？

《科学技术保密规定》第三十五条规定，涉密科学技术成果应当按以下要求加强保密管理：

（1）涉密科学技术成果在境内转让或者推广应用，应当报原定密机关、单位批准，并与受让方签订保密协议；

（2）涉密科学技术成果向境外出口，利用涉密科学技术成果在境外开办企业，在境内与外资、外企合作，应当按照本规定第三十二条要求报有关主管部门批准。

第三十二条规定，对外科学技术交流与合作中需要提供国家科学技术秘密的，应当经过批准，并与对方签订保密协议。绝密级国家科学技术秘密原则上不得对外提供，确需提供的，应当经中央国家机关有关主管部门同意后，报国家科学技术行政管理部门批准；机密级国家科学技术秘密对外提供应当报中央国家机关有关主管部门批准；秘密级国家科学技术秘密对外提供应当报中央国家机关有关主管部门或者省、自治区、直辖市人民政府有关主管部门批准。

有关主管部门批准对外提供国家科学技术秘密的，应当在 10 个工作日内向同级政府科学技术行政管理部门备案。

关联规定

《宪法》第二十七条；《保守国家秘密法实施条例》第六条；《科学技术保密规定》

第九条　保密宣传教育

国家采取多种形式加强保密宣传教育，将保密教育纳入国民教育体系和公务员教育培训体系，鼓励大众传播媒介面向社会进行保密宣传教育，普及保密知识，宣传保密法治，增强全社会的保密意识。

关联规定

《国家安全法》；《反间谍法》；《保守国家秘密法实施条例》第七条；《保密事项范围制定、修订和使用办法》第二十四条

第十条　保密科技创新

国家鼓励和支持保密科学技术研究和应用，提升自主创新能力，依法保护保密领域的知识产权。

普法问答

国家科学技术秘密申请知识产权保护应当遵守哪些规定？

《科学技术保密规定》第三十九条规定，国家科学技术秘密申请知识产权保护应当遵守以下规定：

（1）绝密级国家科学技术秘密不得申请普通专利或者保密专利；

（2）机密级、秘密级国家科学技术秘密经原定密机关、单位批准可申请保密专利；

（3）机密级、秘密级国家科学技术秘密申请普通专利或者由保

密专利转为普通专利的，应当先行办理解密手续。

🕐 *关联规定*

《科学技术保密规定》

第十一条　保密工作经费预算

县级以上人民政府应当将保密工作纳入本级国民经济和社会发展规划，所需经费列入本级预算。

机关、单位开展保密工作所需经费应当列入本机关、本单位年度预算或者年度收支计划。

🕐 *关联规定*

《保守国家秘密法实施条例》第四条；《科学技术保密规定》第三十七条

第十二条　保密工作激励保障

国家加强保密人才培养和队伍建设，完善相关激励保障机制。

对在保守、保护国家秘密工作中做出突出贡献的组织和个人，按照国家有关规定给予表彰和奖励。

🕐 *关联规定*

《档案法》第十一条；《科学技术保密规定》第四十条

第二章　国家秘密的范围和密级

第十三条　国家秘密的范围

下列涉及国家安全和利益的事项，泄露后可能损害国家在政治、经济、国防、外交等领域的安全和利益的，应当确定为国家秘密：

（一）国家事务重大决策中的秘密事项；

（二）国防建设和武装力量活动中的秘密事项；

（三）外交和外事活动中的秘密事项以及对外承担保密义务的秘密事项；

（四）国民经济和社会发展中的秘密事项；

（五）科学技术中的秘密事项；

（六）维护国家安全活动和追查刑事犯罪中的秘密事项；

（七）经国家保密行政管理部门确定的其他秘密事项。

政党的秘密事项中符合前款规定的，属于国家秘密。

普法问答

1. 哪些事项不得确定为国家秘密？

《国家秘密定密管理暂行规定》第十九条规定，下列事项不得确定为国家秘密：

(1) 需要社会公众广泛知晓或者参与的；

(2) 属于工作秘密、商业秘密、个人隐私的；

(3) 已经依法公开或者无法控制知悉范围的；

(4) 法律、法规或者国家有关规定要求公开的。

2. 哪些科学技术事项应当确定为国家科学技术秘密？

《科学技术保密规定》第九条第一款规定，关系国家安全和利益，泄露后可能造成下列后果之一的科学技术事项，应当确定为国家科学技术秘密：

(1) 削弱国家防御和治安能力；

(2) 降低国家科学技术国际竞争力；

(3) 制约国民经济和社会长远发展；

(4) 损害国家声誉、权益和对外关系。

3. 哪些科学技术事项不得确定为国家科学技术秘密？

《科学技术保密规定》第十一条规定，有下列情形之一的科学技术事项，不得确定为国家科学技术秘密：

(1) 国内外已经公开；

(2) 难以采取有效措施控制知悉范围；

(3) 无国际竞争力且不涉及国家防御和治安能力；

(4) 已经流传或者受自然条件制约的传统工艺。

关联规定

《国家秘密定密管理暂行规定》；《科学技术保密规定》

第十四条 国家秘密的密级

国家秘密的密级分为绝密、机密、秘密三级。

绝密级国家秘密是最重要的国家秘密，泄露会使国家安全和利益遭受特别严重的损害；机密级国家秘密是重要的国家秘密，泄露会使国家安全和利益遭受严重的损害；秘密级国家秘密是一般的国家秘密，泄露会使国家安全和利益遭受损害。

普法问答

国家秘密标志形式是什么？应该在哪个位置标注？

《国家秘密定密管理暂行规定》第二十四条规定，国家秘密一经确定，应当同时在国家秘密载体上作出国家秘密标志。国家秘密标志形式为"密级★保密期限"、"密级★解密时间"或者"密级★解密条件"。

在纸介质和电子文件国家秘密载体上作出国家秘密标志的，应当符合有关国家标准。没有国家标准的，应当标注在封面左上角或者标题下方的显著位置。光介质、电磁介质等国家秘密载体和属于国家秘密的设备、产品的国家秘密标志，应当标注在壳体及封面、外包装的显著位置。

国家秘密标志应当与载体不可分离，明显并易于识别。

无法作出或者不宜作出国家秘密标志的，确定该国家秘密的机关、单位应当书面通知知悉范围内的机关、单位或者人员。凡未标明保密期限或者解密条件，且未作书面通知的国家秘密事项，其保密期限按照绝密级事项三十年、机密级事项二十年、秘密级事项十年执行。

《国家秘密定密管理暂行规定》

第十五条　保密事项范围

国家秘密及其密级的具体范围（以下简称保密事项范围），由国家保密行政管理部门单独或者会同有关中央国家机关规定。

军事方面的保密事项范围，由中央军事委员会规定。

保密事项范围的确定应当遵循必要、合理原则，科学论证评估，并根据情况变化及时调整。保密事项范围的规定应当在有关范围内公布。

普法问答

1. 在哪些情形下，应当制定或者修订保密事项范围？

《保密事项范围制定、修订和使用办法》第十一条规定，有下列情形的，中央有关机关应当与国家保密行政管理部门会商，组织制定或者修订保密事项范围：

（1）主管行业、领域经常产生国家秘密、尚未制定保密事项范围的；

（2）保密事项范围内容已不适应实际工作需要的；

（3）保密事项范围内容与法律法规规定不相符合的；

（4）因机构改革或者调整，影响保密事项范围适用的；

（5）其他应当制定或者修订的情形。

其他机关、单位认为有上述情形，需要制定、修订保密事项范围的，可以向国家保密行政管理部门或者中央有关机关提出建议。

2. 保密事项范围由谁负责起草？

《保密事项范围制定、修订和使用办法》第十二条规定，保密事项范围由主管相关行业、领域工作的中央有关机关负责起草；涉及多个部门或者行业、领域的，由承担主要职能的中央有关机关牵头负责起草；不得委托社会中介机构及其他社会组织或者个人起草。

国家保密行政管理部门、中央有关机关应当定期对起草工作进行研究会商。

3. 在哪些情形下应当对保密事项范围作出书面解释？

《保密事项范围制定、修订和使用办法》第二十六条规定，有下列情形的，中央有关机关应当会同国家保密行政管理部门对保密事项范围作出书面解释：

（1）目录内容需要明确具体含义的；

（2）有关事项在目录中没有规定但符合正文规定情形，需要明确适用条件、适用范围的；

（3）不同保密事项范围对同类事项规定不一致的；

（4）其他需要作出解释的情形。

保密事项范围的解释和保密事项范围具有同等效力。

4. 何时对保密事项范围及其解释进行清理？

《保密事项范围制定、修订和使用办法》第二十九条规定，国家保密行政管理部门、中央有关机关应当每五年对保密事项范围及其解释进行一次清理，也可以根据工作需要适时组织清理，并作出继续有效、进行修订、宣布废止等处理；对属于国家秘密的保密事项范围及其解释，应当同时作出是否解密的决定。

🖐 关联规定

《保守国家秘密法实施条例》第八条；《国家秘密定密管理暂行规定》；《保密事项范围制定、修订和使用办法》

第十六条　定密责任人制度

> 机关、单位主要负责人及其指定的人员为定密责任人，负责本机关、本单位的国家秘密确定、变更和解除工作。
>
> 机关、单位确定、变更和解除本机关、本单位的国家秘密，应当由承办人提出具体意见，经定密责任人审核批准。

🖐 普法问答

1. 定密责任人的具体职责是什么？

《保守国家秘密法实施条例》第十条规定，定密责任人在职责范围内承担有关国家秘密确定、变更和解除工作。具体职责是：

（1）审核批准本机关、本单位产生的国家秘密的密级、保密期限和知悉范围；

（2）对本机关、本单位产生的尚在保密期限内的国家秘密进行审核，作出是否变更或者解除的决定；

（3）对是否属于国家秘密和属于何种密级不明确的事项先行拟定密级，并按照规定的程序报保密行政管理部门确定。

2. 在哪些情形下，应当对定密责任人作出调整？

《国家秘密定密管理暂行规定》第十七条规定，机关、单位负责人发现其指定的定密责任人未依法履行定密职责的，应当及时纠正；有下列情形之一的，应当作出调整：

（1）定密不当，情节严重的；

（2）因离岗离职无法继续履行定密职责的；

（3）保密行政管理部门建议调整的；

（4）因其他原因不宜从事定密工作的。

🔍 **关联规定**

《保守国家秘密法实施条例》第九条、第十条；《国家秘密定密管理暂行规定》第三章

第十七条　定密权限

确定国家秘密的密级，应当遵守定密权限。

中央国家机关、省级机关及其授权的机关、单位可以确定绝密级、机密级和秘密级国家秘密；设区的市级机关及其授权的机关、单位可以确定机密级和秘密级国家秘密；特殊情况下无法按照上述规定授权定密的，国家保密行政管理部门或者省、自治区、直辖市保密行政管理部门可以授予机关、单位定密权限。具体的定密权限、授权范

围由国家保密行政管理部门规定。

下级机关、单位认为本机关、本单位产生的有关定密事项属于上级机关、单位的定密权限，应当先行采取保密措施，并立即报请上级机关、单位确定；没有上级机关、单位的，应当立即提请有相应定密权限的业务主管部门或者保密行政管理部门确定。

公安机关、国家安全机关在其工作范围内按照规定的权限确定国家秘密的密级。

普法问答

机关、单位依据保密事项范围目录定密，应当遵循哪些要求？

《保密事项范围制定、修订和使用办法》第二十条规定，机关、单位依据保密事项范围目录定密，应当遵循下列要求：

（1）密级应当严格按照目录的规定确定，不得高于或者低于规定的密级；

（2）保密期限应当在目录规定的最长保密期限内合理确定，不得超出最长保密期限；目录明确规定解密条件或解密时间的，从其规定；

（3）知悉范围应当依据目录的规定，根据工作需要限定到具体人员；不能限定到具体人员的，应当限定到具体单位、部门或者岗位。

关联规定

《保守国家秘密法实施条例》第十一条；《国家秘密定密管理暂行规定》；《保密事项范围制定、修订和使用办法》

第十八条 派生定密

机关、单位执行上级确定的国家秘密事项或者办理其他机关、单位确定的国家秘密事项，需要派生定密的，应当根据所执行、办理的国家秘密事项的密级确定。

普法问答

1. 在哪些情形下，已定密事项所产生的事项应当确定为国家秘密？

根据《派生国家秘密定密管理暂行办法》第三条、第七条的规定，派生定密，是指机关、单位对执行或者办理已定密事项所产生的国家秘密，依法确定、变更和解除的活动。

机关、单位因执行或者办理已定密事项而产生的事项（以下简称派生事项），符合下列情形之一的，应当确定为国家秘密：

（1）与已定密事项完全一致的；

（2）涉及已定密事项密点的；

（3）是对已定密事项进行概括总结、编辑整合、具体细化的；

（4）原定密机关、单位对使用已定密事项有明确定密要求的。

2. 派生国家秘密的密级、保密期限、知悉范围有何规定？

《派生国家秘密定密管理暂行办法》第八条规定，派生国家秘密的密级应当与已定密事项密级保持一致。已定密事项明确密点及其密级的，应当与所涉及密点的最高密级保持一致。

第九条规定，派生国家秘密的保密期限应当按照已定密事项的保密期限确定，或者与所涉及密点的最长保密期限保持一致。已定密事项未明确保密期限的，可以征求原定密机关、单位意见后确定并作出标注，或者按照保密法规定的最长保密期限执行。

第十条规定，派生国家秘密的知悉范围，应当根据工作需要确定，经本机关、本单位负责人批准。能够限定到具体人员的，限定到具体人员。原定密机关、单位有明确规定的，应当遵守其规定。

3. 已定密事项没有变更或者解密的，派生国家秘密可以变更或者解密吗？

《派生国家秘密定密管理暂行办法》第十二条规定，机关、单位所执行或者办理的已定密事项没有变更或者解密的，派生国家秘密不得变更或者解密；所执行或者办理的已定密事项已经变更或者解密的，派生国家秘密的密级、保密期限、知悉范围应当及时作出相应变更或者予以解密。

机关、单位认为所执行或者办理的已定密事项需要变更或者解密的，可以向原定密机关、单位或者其上级机关、单位提出建议。未经有关机关、单位同意，派生国家秘密不得擅自变更或者解密。

关联规定

《派生国家秘密定密管理暂行办法》

第十九条　机关、单位定密职责和定密内容

机关、单位对所产生的国家秘密事项，应当按照保密事项范围的规定确定密级，同时确定保密期限和知悉范围；有条件的可以标注密点。

普法问答

1. 什么是密点？

根据《派生国家秘密定密管理暂行办法》第四条的规定，保密要点（简称密点），是指决定一个事项具备国家秘密本质属性的关键内容，可以与非国家秘密以及其他密点明确区分。

2. 机关、单位在科学技术管理的哪些环节，应当及时做好定密工作？

《科学技术保密规定》第十七条规定，机关、单位在科学技术管理的以下环节，应当及时做好定密工作：

（1）编制科学技术规划；

（2）制定科学技术计划；

（3）科学技术项目立项；

（4）科学技术成果评价与鉴定；

（5）科学技术项目验收。

第十八条规定，确定国家科学技术秘密，应当同时确定其名称、密级、保密期限、保密要点和知悉范围。

3. 国家科学技术秘密保密要点主要涉及哪些内容?

《科学技术保密规定》第十九条规定,国家科学技术秘密保密要点是指必须确保安全的核心事项或者信息,主要涉及以下内容:

(1)不宜公开的国家科学技术发展战略、方针、政策、专项计划;

(2)涉密项目研制目标、路线和过程;

(3)敏感领域资源、物种、物品、数据和信息;

(4)关键技术诀窍、参数和工艺;

(5)科学技术成果涉密应用方向;

(6)其他泄露后会损害国家安全和利益的核心信息。

关联规定

《保守国家秘密法实施条例》第十二条;《国家秘密定密管理暂行规定》第二十条;《派生国家秘密定密管理暂行办法》;《科学技术保密规定》

第二十条 国家秘密保密期限

国家秘密的保密期限,应当根据事项的性质和特点,按照维护国家安全和利益的需要,限定在必要的期限内;不能确定期限的,应当确定解密的条件。

国家秘密的保密期限,除另有规定外,绝密级不超过三十年,机密级不超过二十年,秘密级不超过十年。

机关、单位应当根据工作需要,确定具体的保密期限、解密时间或者解密条件。

机关、单位对在决定和处理有关事项工作过程中确定需要保密的事项，根据工作需要决定公开的，正式公布时即视为解密。

普法问答

国家秘密的保密期限从何时起计算？

《保守国家秘密法实施条例》第十三条第二款规定，国家秘密的保密期限，自标明的制发日起计算；不能标明制发日的，确定该国家秘密的机关、单位应当书面通知知悉范围内的机关、单位和人员，保密期限自通知之日起计算。

关联规定

《保守国家秘密法实施条例》第十三条；《国家秘密定密管理暂行规定》

第二十一条　国家秘密知悉范围

国家秘密的知悉范围，应当根据工作需要限定在最小范围。

国家秘密的知悉范围能够限定到具体人员的，限定到具体人员；不能限定到具体人员的，限定到机关、单位，由该机关、单位限定到具体人员。

国家秘密的知悉范围以外的人员，因工作需要知悉国家秘密的，应当经过机关、单位主要负责人或者其指定的人员批准。原定密机关、单位对扩大国家秘密的知悉范围有明确规定的，应当遵守其规定。

普法问答

国家秘密的知悉范围应当如何标明？

《国家秘密定密管理暂行规定》第二十三条规定，国家秘密的知悉范围应当在国家秘密载体上标明。不能标明的，应当书面通知知悉范围内的机关、单位或者人员。

关联规定

《保守国家秘密法实施条例》第十四条；《国家秘密定密管理暂行规定》

第二十二条　国家秘密标志

机关、单位对承载国家秘密的纸介质、光介质、电磁介质等载体（以下简称国家秘密载体）以及属于国家秘密的设备、产品，应当作出国家秘密标志。

涉及国家秘密的电子文件应当按照国家有关规定作出国家秘密标志。

不属于国家秘密的，不得作出国家秘密标志。

国家秘密标志应该在哪个位置标注?

《国家秘密定密管理暂行规定》第二十四条第二款、第三款规定,在纸介质和电子文件国家秘密载体上作出国家秘密标志的,应当符合有关国家标准。没有国家标准的,应当标注在封面左上角或者标题下方的显著位置。光介质、电磁介质等国家秘密载体和属于国家秘密的设备、产品的国家秘密标志,应当标注在壳体及封面、外包装的显著位置。

国家秘密标志应当与载体不可分离,明显并易于识别。

🔍 关联规定

《保守国家秘密法实施条例》第十五条;《国家秘密定密管理暂行规定》

第二十三条　国家秘密变更

国家秘密的密级、保密期限和知悉范围,应当根据情况变化及时变更。国家秘密的密级、保密期限和知悉范围的变更,由原定密机关、单位决定,也可以由其上级机关决定。

国家秘密的密级、保密期限和知悉范围变更的,应当及时书面通知知悉范围内的机关、单位或者人员。

在哪些情形下，应当对所确定国家秘密事项作出变更？

《国家秘密定密管理暂行规定》第二十六条规定，有下列情形之一的，机关、单位应当对所确定国家秘密事项的密级、保密期限或者知悉范围及时作出变更：

（1）定密时所依据的法律法规或者保密事项范围发生变化的；

（2）泄露后对国家安全和利益的损害程度发生明显变化的。

必要时，上级机关、单位或者业务主管部门可以直接变更下级机关、单位确定的国家秘密事项的密级、保密期限或者知悉范围。

关联规定

《国家秘密定密管理暂行规定》；《科学技术保密规定》第二十条

第二十四条　解密制度

机关、单位应当每年审核所确定的国家秘密。

国家秘密的保密期限已满的，自行解密。在保密期限内因保密事项范围调整不再作为国家秘密，或者公开后不会损害国家安全和利益，不需要继续保密的，应当及时解密；需要延长保密期限的，应当在原保密期限届满前重新确定密级、保密期限和知悉范围。提前解密或者延长保密期限的，由原定密机关、单位决定，也可以由其上级机关决定。

1. 国家秘密保密期限届满前，原定密机关、单位应当如何处理？

根据《国家秘密解密暂行办法》第十七条的规定，国家秘密保密期限届满前，原定密机关、单位应当依法对其进行审核，并履行下列程序：

（1）拟办。承办人依据本办法第十二条、第十三条规定，对某一具体的国家秘密是否解密、何时解密、全部解密或者部分解密、解密后是否作为工作秘密、能否公开等提出意见，作出书面记录，报定密责任人审核。

（2）审定。定密责任人对承办人意见进行审核，作出决定，签署具体意见。机关、单位可以根据工作需要，在定密责任人审核之前增设其他审核把关、论证评估程序。

（3）通知。定密责任人作出解密决定后，机关、单位应当书面通知知悉范围内的机关、单位或者人员，对是否解密，以及解密后作为工作秘密或者予以公开等情况作出说明。解密通知可以单独发布或者以目录形式集中发布。

审核记录应当归档备查。

第十二条规定，国家秘密的保密期限尚未届满、解密时间尚未到达或者解密条件尚未达成，经审核认为符合下列情形之一的，应当及时解密：

（1）保密法律法规或者保密事项范围调整后，有关事项不再属于国家秘密的；

（2）定密时的形势、条件发生变化，有关事项公开后不会损害国家安全和利益、不需要继续保密的；或者根据现行法律、法规和国家有关规定，有关事项应予公开、需要社会公众广泛知晓或者参与的。

符合上述情形国家秘密的解密时间为该事项公开之日或者解密通知注明之日。

第十三条规定，机关、单位因执行或者办理已定密事项而产生的国家秘密，所执行或者办理的国家秘密解密的，由此产生的国家秘密应当解密。

2. 国家秘密事项解密后，就可以对外公开吗？

《国家秘密解密暂行办法》第二十五条规定，国家秘密事项已解密，但符合工作秘密条件的，应当确定为工作秘密，未经原定密机关、单位同意不得擅自公开。

机关、单位公开已解密事项，应当履行相关审查程序；公开已解密事项，不得保留国家秘密标志。涉密档案资料公开形式按照国家有关规定办理。

3. 出现哪些情形时，国家科学技术秘密应当提前解密？

《科学技术保密规定》第二十一条规定，国家科学技术秘密的具体保密期限已满、解密时间已到或者符合解密条件的，自行解密。出现下列情形之一时，应当提前解密：

（1）已经扩散且无法采取补救措施的；

（2）法律法规或者国家科学技术保密事项范围调整后，不再属于国家科学技术秘密的；

（3）公开后不会损害国家安全和利益的。

提前解密由原定密机关、单位决定，也可由其上级机关、单位决定。

4. 国家科学技术秘密确定、变更和解除应当在何时进行备案?

《科学技术保密规定》第二十三条规定,国家科学技术秘密确定、变更和解除应当进行备案:

(1) 省、自治区、直辖市科学技术行政管理部门和中央国家机关有关部门每年 12 月 31 日前将本行政区域或者本部门当年确定、变更和解除的国家科学技术秘密情况报国家科学技术行政管理部门备案;

(2) 其他机关、单位确定、变更和解除的国家科学技术秘密,应当在确定、变更、解除后二十个工作日内报同级政府科学技术行政管理部门备案。

关联规定

《保守国家秘密法实施条例》第十六条;《国家秘密解密暂行办法》;《科学技术保密规定》

第二十五条　不明确事项或有争议事项确定

机关、单位对是否属于国家秘密或者属于何种密级不明确或者有争议的,由国家保密行政管理部门或者省、自治区、直辖市保密行政管理部门按照国家保密规定确定。

机关、单位对原定密机关、单位作出的已定密事项属于何种密级决定仍有异议的，如何办理？

《保守国家秘密法实施条例》第二十条第二款、第三款规定，机关、单位对原定密机关、单位未予处理或者对作出的决定仍有异议的，按照下列规定办理：

（1）确定为绝密级的事项和中央国家机关确定的机密级、秘密级的事项，报国家保密行政管理部门确定。

（2）其他机关、单位确定的机密级、秘密级的事项，报省、自治区、直辖市保密行政管理部门确定；对省、自治区、直辖市保密行政管理部门作出的决定有异议的，可以报国家保密行政管理部门确定。

在原定密机关、单位或者保密行政管理部门作出决定前，对有关事项应当按照主张密级中的最高密级采取相应的保密措施。

关联规定

《保守国家秘密法实施条例》第二十条；《国家秘密鉴定工作规定》

第三章　保密制度

第二十六条　国家秘密载体保密管理

国家秘密载体的制作、收发、传递、使用、复制、保存、维修和销毁，应当符合国家保密规定。

绝密级国家秘密载体应当在符合国家保密标准的设施、设备中保存，并指定专人管理；未经原定密机关、单位或者其上级机关批准，不得复制和摘抄；收发、传递和外出携带，应当指定人员负责，并采取必要的安全措施。

普法问答

1. 国家秘密载体管理应当遵守哪些规定？

《保守国家秘密法实施条例》第二十一条规定，国家秘密载体管理应当遵守下列规定：

（1）制作国家秘密载体，应当由机关、单位或者经保密行政管理部门保密审查合格的单位承担，制作场所应当符合保密要求。

（2）收发国家秘密载体，应当履行清点、编号、登记、签收手续。

（3）传递国家秘密载体，应当通过机要交通、机要通信或者其他符合保密要求的方式进行。

（4）复制国家秘密载体或者摘录、引用、汇编属于国家秘密的内容，应当按照规定报批，不得擅自改变原件的密级、保密期限和知悉范围，复制件应当加盖复制机关、单位戳记，并视同原件进行管理。

（5）保存国家秘密载体的场所、设施、设备，应当符合国家保密要求。

（6）维修国家秘密载体，应当由本机关、本单位专门技术人员负责。确需外单位人员维修的，应当由本机关、本单位的人员现场监督；确需在本机关、本单位以外维修的，应当符合国家保密规定。

（7）携带国家秘密载体外出，应当符合国家保密规定，并采取可靠的保密措施；携带国家秘密载体出境的，应当按照国家保密规定办理批准和携带手续。

2. 阅读和使用秘密载体，应当遵循什么规则？

《中共中央保密委员会办公室、国家保密局关于国家秘密载体保密管理的规定》第十九条规定，阅读和使用秘密载体应当在符合保密要求的办公场所进行；确需在办公场所以外阅读和使用秘密载体的，应当遵守有关保密规定。

阅读和使用绝密级秘密载体必须在指定的符合保密要求的办公场所进行。

第二十条规定，阅读和使用秘密载体，应当办理登记、签收手续，管理人员要随时掌握秘密载体的去向。

3. 复制秘密载体，应当按照哪些规定办理？

《中共中央保密委员会办公室、国家保密局关于国家秘密载体保密管理的规定》第二十二条规定，复制秘密载体，应当按照下列规定办理：

（1）复制绝密级秘密载体，应当经密级确定机关、单位或其上级机关批准；

（2）复制制发机关、单位允许复制的机密、秘密级秘密载体，应当经本机关、单位的主管领导批准；

（3）复制秘密载体，不得改变其密级、保密期限和知悉范围；

（4）复制秘密载体，应当履行登记手续；复制件应当加盖复制机关、单位的戳记，并视同原件管理；

（5）涉密机关、单位不具备复制条件的，应当到保密工作部门审查批准的定点单位复制秘密载体。

4. 秘密载体如何销毁？

根据《中共中央保密委员会办公室、国家保密局关于国家秘密载体保密管理的规定》的规定，销毁秘密载体，应当经本机关、单位主管领导审核批准，并履行清点、登记手续。

销毁秘密载体，应当确保秘密信息无法还原。

销毁纸介质秘密载体，应当采用焚毁、化浆等方法处理；使用碎纸机销毁的，应当使用符合保密要求的碎纸机；送造纸厂销毁的，应当送保密工作部门指定的厂家销毁，并由送件单位二人以上押运和监销。

销毁磁介质、光盘等秘密载体，应当采用物理或化学的方法彻底销毁。

禁止将秘密载体作为废品出售。

关联规定

《保守国家秘密法实施条例》第二十一条、第二十二条；《中

共中央保密委员会办公室、国家保密局关于国家秘密载体保密管理的规定》

第二十七条　国家秘密设备、产品保密管理

属于国家秘密的设备、产品的研制、生产、运输、使用、保存、维修和销毁，应当符合国家保密规定。

关联规定

《中共中央保密委员会办公室、国家保密局关于国家秘密载体保密管理的规定》

第二十八条　国家秘密载体管理的禁止性规定

机关、单位应当加强对国家秘密载体的管理，任何组织和个人不得有下列行为：

（一）非法获取、持有国家秘密载体；

（二）买卖、转送或者私自销毁国家秘密载体；

（三）通过普通邮政、快递等无保密措施的渠道传递国家秘密载体；

（四）寄递、托运国家秘密载体出境；

（五）未经有关主管部门批准，携带、传递国家秘密载体出境；

（六）其他违反国家秘密载体保密规定的行为。

1. 收发与传递秘密载体应当采取哪些安全保密措施？

根据《中共中央保密委员会办公室、国家保密局关于国家秘密载体保密管理的规定》第十一条至第十四条的规定，收发秘密载体，应当履行清点、登记、编号、签收等手续。

传递秘密载体，应当选择安全的交通工具和交通路线，并采取相应的安全保密措施。

传递秘密载体，应当包装密封；秘密载体的信封或者袋牌上应当标明密级、编号和收发件单位名称。

使用信封封装绝密级秘密载体时，应当使用由防透视材料制作的、周边缝有韧线的信封，信封的封口及中缝处应当加盖密封章或加贴密封条；使用袋子封袋时，袋子的接缝处应当使用双线缝纫，袋口应当用铅志进行双道密封。

传递秘密载体，应当通过机要交通、机要通信或者指派专人进行，不得通过普通邮政或非邮政渠道传递；设有机要文件交换站的城市，在市内传递机密级、秘密级秘密载体，可以通过机要文件交换站进行。

2. 传递绝密级秘密载体，必须按哪些规定办理？

《中共中央保密委员会办公室、国家保密局关于国家秘密载体保密管理的规定》第十五条规定，传递绝密级秘密载体，必须按下列规定办理：

（1）送往外地的绝密级秘密载体，通过机要交通、机要通信递送。

中央部级以上，省（自治区、直辖市）、计划单列市厅级以上和解放军驻直辖市、省会（首府）、计划单列市的军级上单位及经批准地区的要害部门相互来往的绝密级秘密载体，由机要交通传递。

不属于以上范围的绝密级秘密载体由机要通信传递。

（2）在本地传递绝密级秘密载体，由发件或收件单位派专人直接传递。

（3）传递绝密级秘密载体，实行二人护送制。

3. 因工作需要携带秘密载体外出，应当符合哪些要求？

《中共中央保密委员会办公室、国家保密局关于国家秘密载体保密管理的规定》第二十五条规定，因工作需要携带秘密载体外出，应当符合下列要求：

（1）采取保护措施，使秘密载体始终处于携带人的有效控制之下；

（2）携带绝密级秘密载体应当经本机关、单位主管领导批准，并有二人以上同行；

（3）参加涉外活动不得携带秘密载体；因工作确需携带的，应当经本机关、单位主管领导批准，并采取严格的安全保密措施；禁止携带绝密级秘密载体参加涉外活动。

关联规定

《邮政法》第三十七条；《中共中央保密委员会办公室、国家保密局关于国家秘密载体保密管理的规定》第三章、第四章

第二十九条　国家秘密信息管理的禁止性规定

禁止非法复制、记录、存储国家秘密。

禁止未按照国家保密规定和标准采取有效保密措施，在互联网及其他公共信息网络或者有线和无线通信中传递国家秘密。

禁止在私人交往和通信中涉及国家秘密。

普法问答

任何机关、单位和个人不得有哪些违反国家科学技术秘密规定的行为？

《科学技术保密规定》第三十一条规定，机关、单位和个人应当加强国家科学技术秘密信息保密管理，存储、处理国家科学技术秘密信息应当符合国家保密规定。任何机关、单位和个人不得有下列行为：

（1）非法获取、持有、复制、记录、存储国家科学技术秘密信息；

（2）使用非涉密计算机、非涉密存储设备存储、处理国家科学技术秘密；

（3）在互联网及其他公共信息网络或者未采取保密措施的有线和无线通信中传递国家科学技术秘密信息；

（4）通过普通邮政、快递等无保密措施的渠道传递国家科学技术秘密信息；

（5）在私人交往和通信中涉及国家科学技术秘密信息；

（6）其他违反国家保密规定的行为。

《科学技术保密规定》;《中共中央保密委员会办公室、国家保密局关于国家秘密载体保密管理的规定》

第三十条 涉密信息系统保密管理

> 存储、处理国家秘密的计算机信息系统（以下简称涉密信息系统）按照涉密程度实行分级保护。
>
> 涉密信息系统应当按照国家保密规定和标准规划、建设、运行、维护，并配备保密设施、设备。保密设施、设备应当与涉密信息系统同步规划、同步建设、同步运行。
>
> 涉密信息系统应当按照规定，经检查合格后，方可投入使用，并定期开展风险评估。

🖐 **普法问答** ▪▪▪

1. 国家信息系统的安全保护等级分为几级？

《信息安全等级保护管理办法》第七条规定，信息系统的安全保护等级分为以下五级：

第一级，信息系统受到破坏后，会对公民、法人和其他组织的合法权益造成损害，但不损害国家安全、社会秩序和公共利益。

第二级，信息系统受到破坏后，会对公民、法人和其他组织的合法权益产生严重损害，或者对社会秩序和公共利益造成损害，但不损害国家安全。

第三级，信息系统受到破坏后，会对社会秩序和公共利益造成严重损害，或者对国家安全造成损害。

第四级，信息系统受到破坏后，会对社会秩序和公共利益造成特别严重损害，或者对国家安全造成严重损害。

第五级，信息系统受到破坏后，会对国家安全造成特别严重损害。

2. 信息系统运营、使用单位如何对信息系统进行保护?

《信息安全等级保护管理办法》第八条规定，信息系统运营、使用单位依据本办法和相关技术标准对信息系统进行保护，国家有关信息安全监管部门对其信息安全等级保护工作进行监督管理。

第一级信息系统运营、使用单位应当依据国家有关管理规范和技术标准进行保护。

第二级信息系统运营、使用单位应当依据国家有关管理规范和技术标准进行保护。国家信息安全监管部门对该级信息系统信息安全等级保护工作进行指导。

第三级信息系统运营、使用单位应当依据国家有关管理规范和技术标准进行保护。国家信息安全监管部门对该级信息系统信息安全等级保护工作进行监督、检查。

第四级信息系统运营、使用单位应当依据国家有关管理规范、技术标准和业务专门需求进行保护。国家信息安全监管部门对该级信息系统信息安全等级保护工作进行强制监督、检查。

第五级信息系统运营、使用单位应当依据国家管理规范、技术标准和业务特殊安全需求进行保护。国家指定专门部门对该级信息系统信息安全等级保护工作进行专门监督、检查。

3. 涉密信息系统建设使用单位如何进行方案设计，实施分级保护？

《信息安全等级保护管理办法》第二十七条规定，涉密信息系统建设使用单位应当选择具有涉密集成资质的单位承担或者参与涉密信息系统的设计与实施。

涉密信息系统建设使用单位应当依据涉密信息系统分级保护管理规范和技术标准，按照秘密、机密、绝密三级的不同要求，结合系统实际进行方案设计，实施分级保护，其保护水平总体上不低于国家信息安全等级保护第三级、第四级、第五级的水平。

4. 涉密信息系统建设使用单位在申请系统审批或者备案时，应当提交哪些材料？

《信息安全等级保护管理办法》第三十条规定，涉密信息系统建设使用单位在申请系统审批或者备案时，应当提交以下材料：

（1）系统设计、实施方案及审查论证意见；

（2）系统承建单位资质证明材料；

（3）系统建设和工程监理情况报告；

（4）系统安全保密检测评估报告；

（5）系统安全保密组织机构和管理制度情况；

（6）其他有关材料。

5. 各级保密工作部门如何做好涉密信息系统分级保护工作的监督管理？

《信息安全等级保护管理办法》第三十三条规定，国家和地方各级保密工作部门依法对各地区、各部门涉密信息系统分级保护工作实施监督管理，并做好以下工作：

（1）指导、监督和检查分级保护工作的开展；

（2）指导涉密信息系统建设使用单位规范信息定密，合理确定系统保护等级；

（3）参与涉密信息系统分级保护方案论证，指导建设使用单位做好保密设施的同步规划设计；

（4）依法对涉密信息系统集成资质单位进行监督管理；

（5）严格进行系统测评和审批工作，监督检查涉密信息系统建设使用单位分级保护管理制度和技术措施的落实情况；

（6）加强涉密信息系统运行中的保密监督检查。对秘密级、机密级信息系统每两年至少进行一次保密检查或者系统测评，对绝密级信息系统每年至少进行一次保密检查或者系统测评；

（7）了解掌握各级各类涉密信息系统的管理使用情况，及时发现和查处各种违规违法行为和泄密事件。

关联规定

《保守国家秘密法实施条例》第二十三条至第二十五条；《计算机信息系统安全保护条例》；《信息安全等级保护管理办法》

第三十一条　信息系统、信息设备保密管理的禁止性规定

机关、单位应当加强对信息系统、信息设备的保密管理，建设保密自监管设施，及时发现并处置安全保密风险隐患。任何组织和个人不得有下列行为：

（一）未按照国家保密规定和标准采取有效保密措施，将涉密信息系统、涉密信息设备接入互联网及其他公共信

息网络；

（二）未按照国家保密规定和标准采取有效保密措施，在涉密信息系统、涉密信息设备与互联网及其他公共信息网络之间进行信息交换；

（三）使用非涉密信息系统、非涉密信息设备存储或者处理国家秘密；

（四）擅自卸载、修改涉密信息系统的安全技术程序、管理程序；

（五）将未经安全技术处理的退出使用的涉密信息设备赠送、出售、丢弃或者改作其他用途；

（六）其他违反信息系统、信息设备保密规定的行为。

普法问答

在有线、无线通信中传递的国家秘密信息应使用何种密码进行加密保护？

《密码法》第十四条规定，在有线、无线通信中传递的国家秘密信息，以及存储、处理国家秘密信息的信息系统，应当依照法律、行政法规和国家有关规定使用核心密码、普通密码进行加密保护、安全认证。

第七条规定，核心密码、普通密码用于保护国家秘密信息，核心密码保护信息的最高密级为绝密级，普通密码保护信息的最高密级为机密级。

核心密码、普通密码属于国家秘密。密码管理部门依照本法和有关法律、行政法规、国家有关规定对核心密码、普通密码实行严格统一管理。

关联规定

《密码法》

第三十二条　安全保密产品和保密技术装备管理

用于保护国家秘密的安全保密产品和保密技术装备应当符合国家保密规定和标准。

国家建立安全保密产品和保密技术装备抽检、复检制度，由国家保密行政管理部门设立或者授权的机构进行检测。

第三十三条　新闻出版、广播影视、网络及其他传媒保密管理

报刊、图书、音像制品、电子出版物的编辑、出版、印制、发行，广播节目、电视节目、电影的制作和播放，网络信息的制作、复制、发布、传播，应当遵守国家保密规定。

普法问答

1. 汇编秘密文件、资料，应当经哪些单位批准？

《中共中央保密委员会办公室、国家保密局关于国家秘密载体

保密管理的规定》第二十三条规定，汇编秘密文件、资料，应当经原制发机关、单位批准，未经批准不得汇编。

经批准汇编秘密文件、资料时，不得改变原件的密级、保密期限和知悉范围；确需改变的，应当经原制发机关、单位同意。

汇编秘密文件、资料形成的秘密载体，应当按其中的最高密级和最长保密期限标志和管理。

2. 对涉及国家秘密但确需公开报道、出版的信息，新闻出版单位如何处理？

《新闻出版保密规定》第九条规定，被采访单位、被采访人向新闻出版单位的采编人员提供有关信息时，对其中确因工作需要而又涉及国家秘密的事项，应当事先按照有关规定的程序批准，并采编人员申明；新闻出版单位及其采编人员对被采访单位、被采访人申明属于国家秘密的事项，不得公开报道、出版。

对涉及国家秘密但确需公开报道、出版的信息，新闻出版单位应当向有关主管部门建议解密或者采取删节、改编、隐去等保密措施，并经有关主管部门审定。

3. 新闻出版单位采访涉及国家秘密的会议或活动时，有何要求？

《新闻出版保密规定》第十条规定，新闻出版单位采访涉及国家秘密的会议或其他活动，应当经主办单位批准。主办单位应当验明采访人员的工作身份，指明哪些内容不得公开报道、出版，并对拟公开报道、出版的内容进行审定。

《中共中央保密委员会办公室、国家保密局关于国家秘密载体保密管理的规定》；《新闻出版保密规定》

第三十四条　网络运营者保密义务

网络运营者应当加强对其用户发布的信息的管理，配合监察机关、保密行政管理部门、公安机关、国家安全机关对涉嫌泄露国家秘密案件进行调查处理；发现利用互联网及其他公共信息网络发布的信息涉嫌泄露国家秘密的，应当立即停止传输该信息，保存有关记录，向保密行政管理部门或者公安机关、国家安全机关报告；应当根据保密行政管理部门或者公安机关、国家安全机关的要求，删除涉及泄露国家秘密的信息，并对有关设备进行技术处理。

普法问答

国家安全机关发现涉及间谍行为的网络信息内容或者网络攻击等风险的，应当如何处理？

《反间谍法》第三十六条规定，国家安全机关发现涉及间谍行为的网络信息内容或者网络攻击等风险，应当依照《网络安全法》规定的职责分工，及时通报有关部门，由其依法处置或者责令电信业务经营者、互联网服务提供者及时采取修复漏洞、加固网络防护、停止传输、消除程序和内容、暂停相关服务、下架相关应用、关闭相关网站等措施，保存相关记录。情况紧急，不立即采取措施将对国家安全造成严重危害的，由国家安全机关责令有关单位修复漏洞、停止相关传输、暂停相关服务，并通报有关部门。

经采取相关措施，上述信息内容或者风险已经消除的，国家安全机关和有关部门应当及时作出恢复相关传输和服务的决定。

🕐 **关联规定**

《网络安全法》第四十七条；《反间谍法》第三十六条

第三十五条　拟公开的信息保密审查

机关、单位应当依法对拟公开的信息进行保密审查，遵守国家保密规定。

🕐 **关联规定**

《政府信息公开条例》；《国家秘密定密管理暂行规定》第三十六条

第三十六条　涉密数据处理和安全监管

开展涉及国家秘密的数据处理活动及其安全监管应当符合国家保密规定。

国家保密行政管理部门和省、自治区、直辖市保密行政管理部门会同有关主管部门建立安全保密防控机制，采取安全保密防控措施，防范数据汇聚、关联引发的泄密风险。

机关、单位应当对汇聚、关联后属于国家秘密事项的数据依法加强安全管理。

📖 普法问答

1. 开展数据处理活动的组织、个人如何履行数据安全保护义务?

《数据安全法》第二十七条规定,开展数据处理活动应当依照法律、法规的规定,建立健全全流程数据安全管理制度,组织开展数据安全教育培训,采取相应的技术措施和其他必要措施,保障数据安全。利用互联网等信息网络开展数据处理活动,应当在网络安全等级保护制度的基础上,履行上述数据安全保护义务。重要数据的处理者应当明确数据安全负责人和管理机构,落实数据安全保护责任。

第二十九条规定,开展数据处理活动应当加强风险监测,发现数据安全缺陷、漏洞等风险时,应当立即采取补救措施;发生数据安全事件时,应当立即采取处置措施,按照规定及时告知用户并向有关主管部门报告。

第三十条规定,重要数据的处理者应当按照规定对其数据处理活动定期开展风险评估,并向有关主管部门报送风险评估报告。风险评估报告应当包括处理的重要数据的种类、数量,开展数据处理活动的情况,面临的数据安全风险及其应对措施等。

2. 开展数据处理活动的组织、个人不履行数据安全保护义务的，会受到什么处罚？

《数据安全法》第四十五条规定，开展数据处理活动的组织、个人不履行本法第二十七条、第二十九条、第三十条规定的数据安全保护义务的，由有关主管部门责令改正，给予警告，可以并处五万元以上五十万元以下罚款，对直接负责的主管人员和其他直接责任人员可以处一万元以上十万元以下罚款；拒不改正或者造成大量数据泄露等严重后果的，处五十万元以上二百万元以下罚款，并可以责令暂停相关业务、停业整顿、吊销相关业务许可证或者吊销营业执照，对直接负责的主管人员和其他直接责任人员处五万元以上二十万元以下罚款。

违反国家核心数据管理制度，危害国家主权、安全和发展利益的，由有关主管部门处二百万元以上一千万元以下罚款，并根据情况责令暂停相关业务、停业整顿、吊销相关业务许可证或者吊销营业执照；构成犯罪的，依法追究刑事责任。

关联规定

《数据安全法》

第三十七条　向境外提供国家秘密和境外人员因工作需要知悉国家秘密保密管理

机关、单位向境外或者向境外在中国境内设立的组织、机构提供国家秘密，任用、聘用的境外人员因工作需要知悉国家秘密的，按照国家有关规定办理。

对外科学技术交流与合作中需要提供国家科学技术秘密的，应当如何处理？

《科学技术保密规定》第三十二条规定，对外科学技术交流与合作中需要提供国家科学技术秘密的，应当经过批准，并与对方签订保密协议。绝密级国家科学技术秘密原则上不得对外提供，确需提供的，应当经中央国家机关有关主管部门同意后，报国家科学技术行政管理部门批准；机密级国家科学技术秘密对外提供应当报中央国家机关有关主管部门批准；秘密级国家科学技术秘密对外提供应当报中央国家机关有关主管部门或者省、自治区、直辖市人民政府有关主管部门批准。

有关主管部门批准对外提供国家科学技术秘密的，应当在10个工作日内向同级政府科学技术行政管理部门备案。

关联规定

《科学技术保密规定》

第三十八条　涉密会议、活动保密管理

举办会议或者其他活动涉及国家秘密的，主办单位应当采取保密措施，并对参加人员进行保密教育，提出具体保密要求。

举办会议或者其他活动涉及国家秘密的，主办单位应当采取哪些保密措施？

《保守国家秘密法实施条例》第二十七条规定，举办会议或者其他活动涉及国家秘密的，主办单位应当采取下列保密措施：

（1）根据会议、活动的内容确定密级，制定保密方案，限定参加人员范围；

（2）使用符合国家保密规定和标准的场所、设施、设备；

（3）按照国家保密规定管理国家秘密载体；

（4）对参加人员提出具体保密要求。

关联规定

《保守国家秘密法实施条例》第二十七条；《科学技术保密规定》第三十三条

第三十九条　保密要害部门部位保密管理

机关、单位应当将涉及绝密级或者较多机密级、秘密级国家秘密的机构确定为保密要害部门，将集中制作、存放、保管国家秘密载体的专门场所确定为保密要害部位，按照国家保密规定和标准配备、使用必要的技术防护设施、设备。

第四十条　军事禁区、军事管理区和其他涉密场所、部位保密管理

军事禁区、军事管理区和属于国家秘密不对外开放的其他场所、部位，应当采取保密措施，未经有关部门批准，不得擅自决定对外开放或者扩大开放范围。

涉密军事设施及其他重要涉密单位周边区域应当按照国家保密规定加强保密管理。

普法问答

1. 如何对军事禁区进行保护？

军事禁区，是指设有重要军事设施或者军事设施安全保密要求高、具有重大危险因素，需要国家采取特殊措施加以重点保护，依照法定程序和标准划定的军事区域。

根据《军事设施保护法》第十六条至第十八条的规定，军事禁区管理单位应当根据具体条件，按照划定的范围，为陆地军事禁区修筑围墙、设置铁丝网等障碍物，为水域军事禁区设置障碍物或者界线标志。水域军事禁区的范围难以在实际水域设置障碍物或者界线标志的，有关海事管理机构应当向社会公告水域军事禁区的位置和边界。海域的军事禁区应当在海图上标明。

禁止陆地、水域军事禁区管理单位以外的人员、车辆、船舶等进入军事禁区，禁止航空器在陆地、水域军事禁区上空进行低空飞行，禁止对军事禁区进行摄影、摄像、录音、勘察、测量、定位、描绘和记述。但是，经有关军事机关批准的除外。禁止航空器进入空中军事禁区，但依照国家有关规定获得批准的除外。使用军事禁区的摄影、摄像、录音、勘察、测量、定位、描绘和记述资料，应

当经有关军事机关批准。

在陆地军事禁区内，禁止建造、设置非军事设施，禁止开发利用地下空间。但是，经战区级以上军事机关批准的除外。在水域军事禁区内，禁止建造、设置非军事设施，禁止从事水产养殖、捕捞以及其他妨碍军用舰船行动、危害军事设施安全和使用效能的活动。

2. 在军事禁区内采取的防护措施不足以保证军事设施安全保密和使用效能的，应当采取什么措施？

《军事设施保护法》第十九条规定，在陆地、水域军事禁区内采取的防护措施不足以保证军事设施安全保密和使用效能，或者陆地、水域军事禁区内的军事设施具有重大危险因素的，省、自治区、直辖市人民政府和有关军事机关，或者省、自治区、直辖市人民政府、国务院有关部门和有关军事机关根据军事设施性质、地形和当地经济建设、社会发展情况，可以在共同划定陆地、水域军事禁区范围的同时，在禁区外围共同划定安全控制范围，并在其外沿设置安全警戒标志。

安全警戒标志由县级以上地方人民政府按照国家统一规定的样式设置，地点由军事禁区管理单位和当地县级以上地方人民政府共同确定。

水域军事禁区外围安全控制范围难以在实际水域设置安全警戒标志的，依照本法第十六条第二款的规定执行。

3. 在军事禁区外围安全控制范围内，当地居民生产生活有哪些限制？

《军事设施保护法》第二十条规定，划定陆地、水域军事禁区外围安全控制范围，不改变原土地及土地附着物、水域的所有权。在陆地、水域军事禁区外围安全控制范围内，当地居民可以照常生产生活，但是不得进行爆破、射击以及其他危害军事设施安全和使用效能的活动。

因划定军事禁区外围安全控制范围影响不动产所有权人或者用益物权人行使权利的，依照有关法律、法规的规定予以补偿。

4. 如何对军事管理区进行保护？

军事管理区，是指设有较重要军事设施或者军事设施安全保密要求较高、具有较大危险因素，需要国家采取特殊措施加以保护，依照法定程序和标准划定的军事区域。

根据《军事设施保护法》第四章的规定，军事管理区管理单位应当根据具体条件，按照划定的范围，为军事管理区修筑围墙、设置铁丝网或者界线标志。

军事管理区管理单位以外的人员、车辆、船舶等进入军事管理区，或者对军事管理区进行摄影、摄像、录音、勘察、测量、定位、描绘和记述，必须经军事管理区管理单位批准。

在陆地军事管理区内，禁止建造、设置非军事设施，禁止开发利用地下空间。但是，经军级以上军事机关批准的除外。在水域军事管理区内，禁止从事水产养殖；未经军级以上军事机关批准，不得建造、设置非军事设施；从事捕捞或者其他活动，不得影响军用舰船的战备、训练、执勤等行动。

划为军事管理区的军民合用港口的水域，实行军地分区管理；在地方管理的水域内需要新建非军事设施的，必须事先征得军事设施管理单位的同意。划为军事管理区的军民合用机场、港口、码头的管理办法，由国务院和中央军事委员会规定。

《军事设施保护法》

第四十一条　从事涉及国家秘密业务的企业事业单位保密管理

从事涉及国家秘密业务的企业事业单位，应当具备相应的保密管理能力，遵守国家保密规定。

从事国家秘密载体制作、复制、维修、销毁，涉密信息系统集成，武器装备科研生产，或者涉密军事设施建设等涉及国家秘密业务的企业事业单位，应当经过审查批准，取得保密资质。

普法问答

1. 从事涉密业务的企业事业单位应当具备哪些条件？

《保守国家秘密法实施条例》第二十九条规定，从事涉密业务的企业事业单位应当具备下列条件：

（1）在中华人民共和国境内依法成立三年以上的法人，无违法犯罪记录；

（2）从事涉密业务的人员具有中华人民共和国国籍；

（3）保密制度完善，有专门的机构或者人员负责保密工作；

（4）用于涉密业务的场所、设施、设备符合国家保密规定和标准；

（5）具有从事涉密业务的专业能力；

（6）法律、行政法规和国家保密行政管理部门规定的其他条件。

2. 国家秘密载体印制资质申请单位应当具备哪些基本条件？

《国家秘密载体印制资质管理办法》第十二条规定，申请单位应当具备以下基本条件：

（1）在中华人民共和国境内注册的法人，从事印制业务三年以上，甲级资质申请单位还应当具备相应乙级资质三年以上；

（2）无犯罪记录且近三年内未被吊销保密资质（资格），法定代表人、主要负责人、实际控制人未被列入失信人员名单；

（3）法定代表人、主要负责人、实际控制人、董（监）事会人员、高级管理人员以及从事涉密印制业务人员具有中华人民共和国国籍，无境外永久居留权或者长期居留许可，与境外人员无婚姻关系，国家另有规定的除外；

（4）具有从事涉密印制业务的专业能力；

（5）法律、行政法规和国家保密行政管理部门规定的其他条件。

3. 国家秘密载体印制资质申请单位应当具备哪些保密条件？

《国家秘密载体印制资质管理办法》第十三条规定，申请单位应当具备以下保密条件：

（1）有专门机构或者人员负责保密工作；

（2）保密制度完善；

（3）从事涉密印制业务的人员经过保密教育培训，具备必要的保密知识和技能；

（4）用于涉密印制业务的场所、设施、设备符合国家保密规定和标准；

（5）有专门的保密工作经费；

（6）法律、行政法规和国家保密行政管理部门规定的其他保密条件。

4. 涉密信息系统集成资质申请单位应当具备哪些基本条件？

《涉密信息系统集成资质管理办法》第十二条规定，申请单位应当具备以下基本条件：

（1）在中华人民共和国境内依法成立三年以上的法人；

（2）无犯罪记录且近三年内未被吊销保密资质（资格），法定代表人、主要负责人、实际控制人未被列入失信人员名单；

（3）法定代表人、主要负责人、实际控制人、董（监）事会人员、高级管理人员以及从事涉密集成业务人员具有中华人民共和国国籍，无境外永久居留权或者长期居留许可，与境外人员无婚姻关系，国家另有规定的除外；

（4）具有从事涉密集成业务的专业能力；

（5）法律、行政法规和国家保密行政管理部门规定的其他条件。

5. 涉密信息系统集成资质申请单位应当具备哪些保密条件？

《涉密信息系统集成资质管理办法》第十三条规定，申请单位应当具备以下保密条件：

（1）有专门机构或者人员负责保密工作；

（2）保密制度完善；

（3）从事涉密集成业务的人员经过保密教育培训，具备必要的保密知识和技能；

（4）用于涉密集成业务的场所、设施、设备符合国家保密规定和标准；

（5）有专门的保密工作经费；

（6）法律、行政法规和国家保密行政管理部门规定的其他保密条件。

🔖 **关联规定**

《保守国家秘密法实施条例》第二十八条；《国家秘密载体印制资质管理办法》；《涉密信息系统集成资质管理办法》

第四十二条　涉密采购保密管理

采购涉及国家秘密的货物、服务的机关、单位，直接涉及国家秘密的工程建设、设计、施工、监理等单位，应当遵守国家保密规定。

机关、单位委托企业事业单位从事涉及国家秘密的业务，应当与其签订保密协议，提出保密要求，采取保密措施。

🔖 **关联规定**

《保守国家秘密法实施条例》第二十六条；《国家秘密载体印制资质管理办法》；《涉密信息系统集成资质管理办法》

第四十三条　涉密人员管理和权益保护

在涉密岗位工作的人员（以下简称涉密人员），按照涉密程度分为核心涉密人员、重要涉密人员和一般涉密人员，实行分类管理。

任用、聘用涉密人员应当按照国家有关规定进行审查。

涉密人员应当具有良好的政治素质和品行，经过保密教育培训，具备胜任涉密岗位的工作能力和保密知识技能，签订保密承诺书，严格遵守国家保密规定，承担保密责任。

涉密人员的合法权益受法律保护。对因保密原因合法权益受到影响和限制的涉密人员，按照国家有关规定给予相应待遇或者补偿。

普法问答

机关、单位如何保障国家科学技术涉密人员的正当合法权益？

《科学技术保密规定》第三十八条规定，机关、单位应当保障涉密人员正当合法权益。对参与国家科学技术秘密研制的科技人员，有关机关、单位不得因其成果不宜公开发表、交流、推广而影响其评奖、表彰和职称评定。

对确因保密原因不能在公开刊物上发表的论文，有关机关、单位应当对论文的实际水平给予客观、公正评价。

关联规定

《科学技术保密规定》

第四十四条 机关、单位管理涉密人员基本要求

机关、单位应当建立健全涉密人员管理制度，明确涉密人员的权利、岗位责任和要求，对涉密人员履行职责情况开展经常性的监督检查。

🔍 **普法问答**

1. 国家科学技术涉密人员应当遵守哪些保密要求？

《科学技术保密规定》第二十九条规定，涉密人员应当遵守以下保密要求：

（1）严格执行国家科学技术保密法律法规和规章以及本机关、本单位科学技术保密制度；

（2）接受科学技术保密教育培训和监督检查；

（3）产生涉密科学技术事项时，先行采取保密措施，按规定提请定密，并及时向本机关、本单位科学技术保密管理机构报告；

（4）参加对外科学技术交流合作与涉外商务活动前向本机关、本单位科学技术保密管理机构报告；

（5）发表论文、申请专利、参加学术交流等公开行为前按规定履行保密审查手续；

（6）发现国家科学技术秘密正在泄露或者可能泄露时，立即采取补救措施并向本机关、本单位科学技术保密管理机构报告；

（7）离岗离职时，与机关、单位签订保密协议，接受脱密期保密管理，严格保守国家科学技术秘密。

2. 在哪些科学技术合作与交流活动中，不得涉及国家科学技术秘密？

《科学技术保密规定》第三十条规定，机关、单位和个人，在下列科学技术合作与交流活动中，不得涉及国家科学技术秘密：

（1）进行公开的科学技术讲学、进修、考察、合作研究等活动；

（2）利用互联网及其他公共信息网络、广播、电影、电视以及公开发行的报刊、书籍、图文资料和声像制品进行宣传、报道或者发表论文；

（3）进行公开的科学技术展览和展示等活动。

3. 机关、单位开展涉密科学技术活动的，应当加强哪些方面的保密管理？

《科学技术保密规定》第三十三条规定，机关、单位开展涉密科学技术活动的，应当指定专人负责保密工作、明确保密纪律和要求，并加强以下方面保密管理：

（1）研究、制定涉密科学技术规划应当制定保密工作方案，签订保密责任书；

（2）组织实施涉密科学技术计划应当制定保密制度；

（3）举办涉密科学技术会议或者组织开展涉密科学技术展览、展示应当采取必要的保密管理措施，在符合保密要求的场所进行；

（4）涉密科学技术活动进行公开宣传报道前应当进行保密审查。

关联规定

《科学技术保密规定》

第四十五条　涉密人员出境审批

涉密人员出境应当经有关部门批准，有关机关认为涉密人员出境将对国家安全造成危害或者对国家利益造成重大损失的，不得批准出境。

普法问答

掌握国家秘密的国家工作人员叛逃境外或者在境外叛逃的，会受到什么刑事处罚？

《刑法》第一百零九条规定，国家机关工作人员在履行公务期间，擅离岗位，叛逃境外或者在境外叛逃的，处五年以下有期徒刑、拘役、管制或者剥夺政治权利；情节严重的，处五年以上十年以下有期徒刑。

掌握国家秘密的国家工作人员叛逃境外或者在境外叛逃的，依照前款的规定从重处罚。

关联规定

《反间谍法》第三十三条；《刑法》

第四十六条　涉密人员脱密期管理

涉密人员离岗离职应当遵守国家保密规定。机关、单位应当开展保密教育提醒，清退国家秘密载体，实行脱密期管理。涉密人员在脱密期内，不得违反规定就业和出境，不得以任何方式泄露国家秘密；脱密期结束后，应当遵守国家保密规定，对知悉的国家秘密继续履行保密义务。涉密人员严重违反离岗离职及脱密期国家保密规定的，机关、单位应当及时报告同级保密行政管理部门，由保密行政管理部门会同有关部门依法采取处置措施。

普法问答

在涉及国家秘密等特殊职位任职的公务员，可以辞去公职吗？

《公务员法》第八十六条规定，公务员有下列情形之一的，不得辞去公职：

（1）未满国家规定的最低服务年限的；

（2）在涉及国家秘密等特殊职位任职或者离开上述职位不满国家规定的脱密期限的；

（3）重要公务尚未处理完毕，且须由本人继续处理的；

（4）正在接受审计、纪律审查、监察调查，或者涉嫌犯罪，司法程序尚未终结的；

（5）法律、行政法规规定的其他不得辞去公职的情形。

《公务员法》;《中共中央保密委员会办公室、国家保密局关于国家秘密载体保密管理的规定》第三十条

第四十七条　国家秘密泄露补救措施和及时报告义务

国家工作人员或者其他公民发现国家秘密已经泄露或者可能泄露时，应当立即采取补救措施并及时报告有关机关、单位。机关、单位接到报告后，应当立即作出处理，并及时向保密行政管理部门报告。

普法问答

泄露与国家情报工作有关的国家秘密的，应承担什么法律责任？

《国家情报法》第二十九条规定，泄露与国家情报工作有关的国家秘密的，由国家情报工作机构建议相关单位给予处分或者由国家安全机关、公安机关处警告或者十五日以下拘留；构成犯罪的，依法追究刑事责任。

关联规定

《保守国家秘密法实施条例》第三十四条；《新闻出版保密规定》第十六条

第四章 监督管理

第四十八条 制定保密规章和国家保密标准

国家保密行政管理部门依照法律、行政法规的规定，制定保密规章和国家保密标准。

关联规定

《立法法》第九十一条；《规章制定程序条例》

第四十九条 保密监督管理主要职责

保密行政管理部门依法组织开展保密宣传教育、保密检查、保密技术防护、保密违法案件调查处理工作，对保密工作进行指导和监督管理。

关联规定

《国家秘密载体印制资质管理办法》第四章；《涉密信息系统集成资质管理办法》第四章

第五十条　定密监督职责

保密行政管理部门发现国家秘密确定、变更或者解除不当的，应当及时通知有关机关、单位予以纠正。

🔾 关联规定

《保守国家秘密法实施条例》第十八条

第五十一条　保密检查和案件调查处理

保密行政管理部门依法对机关、单位遵守保密法律法规和相关制度的情况进行检查；涉嫌保密违法的，应当及时调查处理或者组织、督促有关机关、单位调查处理；涉嫌犯罪的，应当依法移送监察机关、司法机关处理。

对严重违反国家保密规定的涉密人员，保密行政管理部门应当建议有关机关、单位将其调离涉密岗位。

有关机关、单位和个人应当配合保密行政管理部门依法履行职责。

🔾 普法问答

保密行政管理部门依法对机关、单位执行保密法律法规的哪些情况进行检查？

《保守国家秘密法实施条例》第三十二条规定，保密行政管理部门依法对机关、单位执行保密法律法规的下列情况进行检查：

（1）保密工作责任制落实情况；

（2）保密制度建设情况；

（3）保密宣传教育培训情况；

（4）涉密人员管理情况；

（5）国家秘密确定、变更和解除情况；

（6）国家秘密载体管理情况；

（7）信息系统和信息设备保密管理情况；

（8）互联网使用保密管理情况；

（9）保密技术防护设施设备配备使用情况；

（10）涉密场所及保密要害部门、部位管理情况；

（11）涉密会议、活动管理情况；

（12）信息公开保密审查情况。

关联规定

《保守国家秘密法实施条例》第三十二条；《中共中央保密委员会办公室、国家保密局关于国家秘密载体保密管理的规定》第六条、第三十六条

第五十二条　保密检查和案件调查处理中可以采取的措施

保密行政管理部门在保密检查和案件调查处理中，可以依法查阅有关材料、询问人员、记录情况，先行登记保存有关设施、设备、文件资料等；必要时，可以进行保密技术检测。

保密行政管理部门对保密检查和案件调查处理中发现的非法获取、持有的国家秘密载体，应当予以收缴；发现

存在泄露国家秘密隐患的，应当要求采取措施，限期整改；对存在泄露国家秘密隐患的设施、设备、场所，应当责令停止使用。

普法问答

保密行政管理部门发现涉密信息系统集成申请单位或者资质单位存在涉嫌泄露国家秘密的案件线索时，如何处理？

《涉密信息系统集成资质管理办法》第三十九条规定，保密行政管理部门在现场审查、保密检查过程中，发现申请单位或者资质单位存在涉嫌泄露国家秘密的案件线索，应当根据工作需要，按照泄密案件管辖权限，经保密行政管理部门负责人批准，由具备执法资格的人员对有关设施、设备、载体等采取登记保存措施，依法开展调查工作。

保密行政管理部门调查结束后，认定申请单位或者资质单位存在违反保密法律法规事实的，违法行为发生地的保密行政管理部门应当按照本办法作出处理，并将违法事实、处理结果抄告受理申请或者准予行政许可的保密行政管理部门。

关联规定

《保守国家秘密法实施条例》第三十三条、第三十五条；《涉密信息系统集成资质管理办法》

第五十三条　密级鉴定

办理涉嫌泄露国家秘密案件的机关，需要对有关事项是否属于国家秘密、属于何种密级进行鉴定的，由国家保密行政管理部门或者省、自治区、直辖市保密行政管理部门鉴定。

普法问答

1. 办案机关申请国家秘密鉴定，应当提交哪些材料？

《国家秘密鉴定工作规定》第九条规定，办案机关申请国家秘密鉴定，应当提交下列材料：

（1）申请国家秘密鉴定的公文；

（2）需要进行国家秘密鉴定的事项（以下简称鉴定事项）及鉴定事项清单；

（3）进行国家秘密鉴定需要掌握的有关情况说明，包括案件基本情况、鉴定事项来源、泄露对象和时间、回避建议等。

2. 保密行政管理部门受理鉴定申请后，多长时间出具鉴定结论？

《国家秘密鉴定工作规定》第二十三条规定，保密行政管理部门应当在受理国家秘密鉴定申请后三十日内作出鉴定结论并出具国家秘密鉴定书。因鉴定事项疑难、复杂等不能按期出具国家秘密鉴定书的，经保密行政管理部门负责人批准，可以适当延长工作时限，延长时限最长不超过三十日。

保密行政管理部门征求有关机关、单位鉴定意见，进行专家咨询时，应当明确答复期限，一般不超过十五日；对鉴定事项数量较多、疑难、复杂等情况的，经双方协商，可以延长十五日。

机关、单位提出鉴定意见，专家咨询等时间不计入保密行政管理部门国家秘密鉴定办理期

3. 国家秘密鉴定书应当包括哪些内容？

《国家秘密鉴定工作规定》第二十二条规定，保密行政管理部门作出鉴定结论应当出具国家秘密鉴定书。国家秘密鉴定书应当包括以下内容：

（1）鉴定事项名称或者内容；

（2）鉴定依据和鉴定结论；

（3）其他需要说明的情况；

（4）鉴定机关名称和鉴定日期。

国家秘密鉴定书应当加盖保密行政管理部门印章。

关联规定

《反间谍法》第三十八条；《保守国家秘密法实施条例》第三十七条；《国家秘密鉴定工作规定》；《泄密案件查处办法》第四十七条

第五十四条　处分监督

机关、单位对违反国家保密规定的人员不依法给予处分的，保密行政管理部门应当建议纠正；对拒不纠正的，提请其上一级机关或者监察机关对该机关、单位负有责任的领导人员和直接责任人员依法予以处理。

🐾 **关联规定**

《保守国家秘密法实施条例》第四十条

第五十五条　保密风险评估机制、监测预警制度、应急处置制度

设区的市级以上保密行政管理部门建立保密风险评估机制、监测预警制度、应急处置制度，会同有关部门开展信息收集、分析、通报工作。

🐾 **关联规定**

《数据安全法》第二十二条

第五十六条　保密协会等行业组织建设

保密协会等行业组织依照法律、行政法规的规定开展活动，推动行业自律，促进行业健康发展。

🐾 **普法问答**

中国保密协会的宗旨和业务范围是什么？

中国保密协会（China Confidentiality Association，CCA）是国家一级协会，是由我国与保密工作相关的企事业单位和人员自愿结成的全国性、专业性、非营利性社会组织，由国家保密局主管，于2013年5月7日在北京正式成立。

协会宗旨是：充分发挥社团的桥梁纽带作用，发挥宣传、引导、服务和交流职能，推动保密事业科学发展，为维护国家安全和利益做出贡献。

协会业务范围是：

（1）宣传、贯彻国家保密工作方针政策和保密法律法规；

（2）调研保密工作发展中的新情况新问题，总结交流保密工作经验，组织和推动保密理论与实践研究，跟踪研究保密技术领域的新成果、新进展，向有关部门提出意见和建议；

（3）组织开展保密知识技能培训，提供保密咨询、保密技术服务；

（4）建立和加强与国内有关团体、组织联系，积极开展交流与合作；组织开展国内外学术交流、业务合作和友好交往活动；

（5）编辑出版会刊、普及性读物、论文集等书刊资料；

（6）维护会员的合法权益，反映会员意见和建议，协调单位会员开展工作，引导行业健康有序发展；

（7）承担国家保密行政管理部门委托或授权的其他有关工作。

第五章　法律责任

第五十七条　严重违规行为法律责任

违反本法规定，有下列情形之一，根据情节轻重，依法给予处分；有违法所得的，没收违法所得：

（一）非法获取、持有国家秘密载体的；

（二）买卖、转送或者私自销毁国家秘密载体的；

（三）通过普通邮政、快递等无保密措施的渠道传递国家秘密载体的；

（四）寄递、托运国家秘密载体出境，或者未经有关主管部门批准，携带、传递国家秘密载体出境的；

（五）非法复制、记录、存储国家秘密的；

（六）在私人交往和通信中涉及国家秘密的；

（七）未按照国家保密规定和标准采取有效保密措施，在互联网及其他公共信息网络或者有线和无线通信中传递国家秘密的；

（八）未按照国家保密规定和标准采取有效保密措施，将涉密信息系统、涉密信息设备接入互联网及其他公共信息网络的；

（九）未按照国家保密规定和标准采取有效保密措施，在涉密信息系统、涉密信息设备与互联网及其他公共信息网络之间进行信息交换的；

（十）使用非涉密信息系统、非涉密信息设备存储、处理国家秘密的；

（十一）擅自卸载、修改涉密信息系统的安全技术程序、管理程序的；

（十二）将未经安全技术处理的退出使用的涉密信息设备赠送、出售、丢弃或者改作其他用途的；

（十三）其他违反本法规定的情形。

有前款情形尚不构成犯罪，且不适用处分的人员，由保密行政管理部门督促其所在机关、单位予以处理。

关联规定

《公务员法》；《监察法》；《行政机关公务员处分条例》

第五十八条　机关、单位发生重大泄露国家秘密案件和定密解密不当法律责任

机关、单位违反本法规定，发生重大泄露国家秘密案件的，依法对直接负责的主管人员和其他直接责任人员给予处分。不适用处分的人员，由保密行政管理部门督促其主管部门予以处理。

机关、单位违反本法规定，对应当定密的事项不定密，对不应当定密的事项定密，或者未履行解密审核责任，造成严重后果的，依法对直接负责的主管人员和其他直接责任人员给予处分。

1. 公职人员泄露国家秘密的，应给予什么政务处分？

《公职人员政务处分法》第三十九条规定，有下列行为之一，造成不良后果或者影响的，予以警告、记过或者记大过；情节较重的，予以降级或者撤职；情节严重的，予以开除：

（1）滥用职权，危害国家利益、社会公共利益或者侵害公民、法人、其他组织合法权益的；

（2）不履行或者不正确履行职责，玩忽职守，贻误工作的；

（3）工作中有形式主义、官僚主义行为的；

（4）工作中有弄虚作假，误导、欺骗行为的；

（5）泄露国家秘密、工作秘密，或者泄露因履行职责掌握的商业秘密、个人隐私的。

2. 定密责任人和承办人有哪些行为时，机关、单位应当依纪依法给予处分？

《国家秘密定密管理暂行规定》第四十二条规定，定密责任人和承办人违反本规定，有下列行为之一的，机关、单位应当及时纠正并进行批评教育；造成严重后果的，依纪依法给予处分：

（1）应当确定国家秘密而未确定的；

（2）不应当确定国家秘密而确定的；

（3）超出定密权限定密的；

（4）未按照法定程序定密的；

（5）未按规定标注国家秘密标志的；

（6）未按规定变更国家秘密的密级、保密期限、知悉范围的；

（7）未按要求开展解密审核的；

（8）不应当解除国家秘密而解除的；

（9）应当解除国家秘密而未解除的；

（10）违反本规定的其他行为。

关联规定

《公职人员政务处分法》；《行政机关公务员处分条例》第二十六条；《国家秘密定密管理暂行规定》；《事业单位工作人员处分规定》第十八条；《泄密案件查处办法》；《国家秘密载体印制资质管理办法》；《涉密信息系统集成资质管理办法》

第五十九条　网络运营者法律责任

网络运营者违反本法第三十四条规定的，由公安机关、国家安全机关、电信主管部门、保密行政管理部门按照各自职责分工依法予以处罚。

普法问答

网络运营者对法律、行政法规禁止发布或者传输的信息未停止传输、采取消除等处置措施、保存有关记录的，会受到什么处罚？

《网络安全法》第六十八条第一款规定，网络运营者违反本法第四十七条规定，对法律、行政法规禁止发布或者传输的信息未停止传输、采取消除等处置措施、保存有关记录的，由有关主管部门责令改正，给予警告，没收违法所得；拒不改正或者情节严重的，处十万元以上五十万元以下罚款，并可以责令暂停相关业务、停业整顿、关闭网站、吊销相关业务许可证或者吊销营业执照，对直接负责的主管人员和其他直接责任人员处一万元以上十万元以下罚款。

第四十七条规定，网络运营者应当加强对其用户发布的信息的管理，发现法律、行政法规禁止发布或者传输的信息的，应当立即停止传输该信息，采取消除等处置措施，防止信息扩散，保存有关记录，并向有关主管部门报告。

第六十九条规定，网络运营者违反本法规定，有下列行为之一的，由有关主管部门责令改正；拒不改正或者情节严重的，处五万元以上五十万元以下罚款，对直接负责的主管人员和其他直接责任人员，处一万元以上十万元以下罚款：（1）不按照有关部门的要求对法律、行政法规禁止发布或者传输的信息，采取停止传输、消除等处置措施的；（2）拒绝、阻碍有关部门依法实施的监督检查的；（3）拒不向公安机关、国家安全机关提供技术支持和协助的。

🐾 关联规定

《网络安全法》第四十七条、第六十八条、第六十九条；《治安管理处罚法》；《电信条例》；《计算机信息网络国际联网安全保护管理办法》；《互联网信息服务管理办法》

第六十条　企业事业单位法律责任

取得保密资质的企业事业单位违反国家保密规定的，由保密行政管理部门责令限期整改，给予警告或者通报批评；有违法所得的，没收违法所得；情节严重的，暂停涉密业务、降低资质等级；情节特别严重的，吊销保密资质。

　　未取得保密资质的企业事业单位违法从事本法第四十一条第二款规定的涉密业务的，由保密行政管理部门责令停止涉密业务，给予警告或者通报批评；有违法所得的，没收违法所得。

普法问答

1. 国家秘密载体印制资质单位具有哪些情形时，保密行政管理部门应当责令其整改或给予暂停资质处罚？

　　《国家秘密载体印制资质管理办法》第四十四条规定，资质单位具有下列情形之一的，保密行政管理部门应当责令其在二十日内完成整改，逾期不改或者整改后仍不符合要求的，给予六个月以上十二个月以下暂停资质的处罚：

　　（1）未经委托方书面同意，擅自与其他涉密印制资质单位合作开展涉密印制业务的；

　　（2）超出行政许可的业务种类范围承接涉密印制业务的；

　　（3）发生需要报告的事项，未及时报告的；

　　（4）未按本办法提交年度自检报告的；

　　（5）不符合其他保密管理规定，存在泄密隐患的。

2. 国家秘密载体印制资质单位具有哪些情形时，保密行政管理部门应当吊销其资质？

《国家秘密载体印制资质管理办法》第四十五条规定，资质单位不再符合申请条件，或者具有下列情形之一的，保密行政管理部门应当吊销其资质，停止其涉密业务：

（1）涂改、出卖、出租、出借《资质证书》，或者以其他方式伪造、非法转让《资质证书》的；

（2）将涉密印制业务分包或者转包给无相应涉密资质单位的；

（3）发现国家秘密已经泄露或者可能泄露，未按法定时限报告的；

（4）拒绝接受保密检查的；

（5）资质暂停期间，承接新的涉密印制业务的；

（6）资质暂停期满，仍不符合保密管理规定的；

（7）发生泄密案件的；

（8）其他违反保密法律法规的行为。

3. 涉密信息系统集成资质单位具有哪些情形时，保密行政管理部门应当责令其整改或给予暂停资质处罚？

《涉密信息系统集成资质管理办法》第四十四条规定，资质单位具有下列情形之一的，保密行政管理部门应当责令其在二十日内完成整改，逾期不改或者整改后仍不符合要求的，应当给予六个月以上十二个月以下暂停资质的处罚：

（1）未经委托方书面同意，擅自与其他涉密集成资质单位合作开展涉密集成业务的；

（2）超出行政许可的业务种类范围承接涉密集成业务的；

（3）发生需要报告的事项，未及时报告的；

（4）承接涉密集成业务，未按规定备案的；

（5）未按本办法提交年度自检报告的；

（6）不符合其他保密管理规定，存在泄密隐患的。

4. 涉密信息系统集成资质单位具有哪些情形时，保密行政管理部门应当吊销其资质？

《涉密信息系统集成资质管理办法》第四十五条规定，资质单位不再符合申请条件，或者具有下列情形之一的，保密行政管理部门应当吊销其资质，停止其涉密业务：

（1）涂改、出卖、出租、出借《资质证书》，或者以其他方式伪造、非法转让《资质证书》的；

（2）将涉密集成业务分包或者转包给无相应涉密资质单位的；

（3）发现国家秘密已经泄露或者可能泄露，未按法定时限报告的；

（4）拒绝接受保密检查的；

（5）资质暂停期间，承接新的涉密集成业务的；

（6）资质暂停期满，仍不符合保密管理规定的；

（7）发生泄密案件的；

（8）其他违反保密法律法规的行为。

🔍 **关联规定**

《保守国家秘密法实施条例》第四十一条；《国家秘密载体印制资质管理办法》；《涉密信息系统集成资质管理办法》

第六十一条　保密行政管理部门工作人员法律责任

保密行政管理部门的工作人员在履行保密管理职责中滥用职权、玩忽职守、徇私舞弊的，依法给予处分。

关联规定

《公务员法》第一百零八条；《反间谍法》第六十九条；《国家情报法》第三十一条；《国家秘密定密管理暂行规定》；《国家秘密载体印制资质管理办法》第四十九条；《涉密信息系统集成资质管理办法》第四十九条；《国家秘密鉴定工作规定》第三十五条

第六十二条　刑事责任追究

违反本法规定，构成犯罪的，依法追究刑事责任。

普法问答

1. 为境外窃取、刺探、收买、非法提供国家秘密或者情报的，应当承担什么刑事责任？

《刑法》第一百一十一条规定，为境外的机构、组织、人员窃取、刺探、收买、非法提供国家秘密或者情报的，处五年以上十年以下有期徒刑；情节特别严重的，处十年以上有期徒刑或者无期徒刑；情节较轻的，处五年以下有期徒刑、拘役、管制或者剥夺政治权利。

2. 非法获取国家秘密，或者非法持有国家绝密、机密文件、资料、物品的，会受到什么处罚？

《反间谍法》第六十一条规定，非法获取、持有属于国家秘密的文件、数据、资料、物品，以及非法生产、销售、持有、使用专用间谍器材，尚不构成犯罪的，由国家安全机关予以警告或者处十日以下行政拘留。

《刑法》第二百八十二条规定，以窃取、刺探、收买方法，非法获取国家秘密的，处三年以下有期徒刑、拘役、管制或者剥夺政治权利；情节严重的，处三年以上七年以下有期徒刑。

非法持有属于国家绝密、机密的文件、资料或者其他物品，拒不说明来源与用途的，处三年以下有期徒刑、拘役或者管制。

3. 故意或者过失泄露国家秘密的，应承担什么刑事责任？

《刑法》第三百九十八条规定，国家机关工作人员违反保守国家秘密法的规定，故意或者过失泄露国家秘密，情节严重的，处三年以下有期徒刑或者拘役；情节特别严重的，处三年以上七年以下有期徒刑。

非国家机关工作人员犯前款罪的，依照前款的规定酌情处罚。

4. 故意泄露国家秘密的立案标准是什么？

根据《最高人民检察院关于渎职侵权犯罪案件立案标准的规定》，故意泄露国家秘密罪是指国家机关工作人员或者非国家机关工作人员违反保守国家秘密法，故意使国家秘密被不应知悉者知悉，或者故意使国家秘密超出了限定的接触范围，情节严重的行为。

涉嫌下列情形之一的，应予立案：

（1）泄露绝密级国家秘密1项（件）以上的；

（2）泄露机密级国家秘密2项（件）以上的；

（3）泄露秘密级国家秘密3项（件）以上的；

（4）向非境外机构、组织、人员泄露国家秘密，造成或者可能造成危害社会稳定、经济发展、国防安全或者其他严重危害后果的；

（5）通过口头、书面或者网络等方式向公众散布、传播国家秘密的；

（6）利用职权指使或者强迫他人违反国家保守秘密法的规定泄露国家秘密的；

（7）以牟取私利为目的泄露国家秘密的；

（8）其他情节严重的情形。

5. 过失泄露国家秘密的立案标准是什么？

根据《最高人民检察院关于渎职侵权犯罪案件立案标准的规定》，过失泄露国家秘密罪是指国家机关工作人员或者非国家机关工作人员违反保守国家秘密法，过失泄露国家秘密，或者遗失国家秘密载体，致使国家秘密被不应知悉者知悉或者超出了限定的接触范围，情节严重的行为。

涉嫌下列情形之一的，应予立案：

（1）泄露绝密级国家秘密1项（件）以上的；

（2）泄露机密级国家秘密3项（件）以上的；

（3）泄露秘密级国家秘密4项（件）以上的；

（4）违反保密规定，将涉及国家秘密的计算机或者计算机信息系统与互联网相连接，泄露国家秘密的；

（5）泄露国家秘密或者遗失国家秘密载体，隐瞒不报、不如实提供有关情况或者不采取补救措施的；

（6）其他情节严重的情形。

6. 非法获取军事秘密，或者为境外窃取、刺探、收买、非法提供军事秘密的，会受到什么刑事处罚？

《刑法》第四百三十一条规定，以窃取、刺探、收买方法，非法获取军事秘密的，处五年以下有期徒刑；情节严重的，处五年以上十年以下有期徒刑；情节特别严重的，处十年以上有期徒刑。

为境外的机构、组织、人员窃取、刺探、收买、非法提供军事秘密的，处五年以上十年以下有期徒刑；情节严重的，处十年以上有期徒刑、无期徒刑或者死刑。

7. 故意或者过失泄露军事秘密的，应承担什么刑事责任？

《刑法》第四百三十二条规定，违反保守国家秘密法规，故意或者过失泄露军事秘密，情节严重的，处五年以下有期徒刑或者拘役；情节特别严重的，处五年以上十年以下有期徒刑。

战时犯前款罪的，处五年以上十年以下有期徒刑；情节特别严重的，处十年以上有期徒刑或者无期徒刑。

8. 地理信息生产、保管、利用单位违规获取、持有、提供、利用属于国家秘密的地理信息的，应承担什么法律责任？

《测绘法》第六十五条规定，违反本法规定，地理信息生产、保管、利用单位未对属于国家秘密的地理信息的获取、持有、提供、利用情况进行登记、长期保存的，给予警告，责令改正，可以并处二十万元以下的罚款；泄露国家秘密的，责令停业整顿，并处降低测绘资质等级或者吊销测绘资质证书；构成犯罪的，依法追究刑事责任。

违反本法规定，获取、持有、提供、利用属于国家秘密的地理信息的，给予警告，责令停止违法行为，没收违法所得，可以并处违法所得二倍以下的罚款；对直接负责的主管人员和其他直接责任人员，依法给予处分；造成损失的，依法承担赔偿责任；构成犯罪的，依法追究刑事责任。

关联规定

《刑法》；《反间谍法》；《测绘法》

第六章　附　　则

第六十三条　授权中央军事委员会制定军队系统保密规定

中国人民解放军和中国人民武装警察部队开展保密工作的具体规定，由中央军事委员会根据本法制定。

第六十四条　工作秘密管理

机关、单位对履行职能过程中产生或者获取的不属于国家秘密但泄露后会造成一定不利影响的事项，适用工作秘密管理办法采取必要的保护措施。工作秘密管理办法另行规定。

第六十五条　施行日期

本法自 2024 年 5 月 1 日起施行。

附录　典型案例

一、陈某某为境外刺探、非法提供国家秘密案①

被告人陈某某系某职业技术学院学生。2020 年 2 月中旬，陈某某通过"探探"APP 平台结识了境外人员"涵"。陈某某在明知"涵"是境外人员的情况下，为获取报酬，于 2020 年 3 月至 2020 年 7 月间，按照"涵"的要求，多次前往军港等军事基地，观察、搜集、拍摄涉军装备及部队位置等信息，并通过微信、坚果云、rocket. chat 等软件发送给"涵"。陈某某先后收受"涵"通过微信、支付宝转账的报酬共计人民币 1 万余元以及鱼竿、卡西欧手表等财物。经密级鉴定，陈某某发送给"涵"的图片涉及 1 项机密级军事秘密、2 项秘密级军事秘密和 2 项内部事项。

最终，陈某某因犯为境外刺探、非法提供国家秘密罪被判处有期徒刑六年，剥夺政治权利二年，并处没收个人财产人民币一万元。

---

① 案例来源：最高人民检察院网，https：//www. spp. gov. cn/xwfbh/dx-al/202204/t20220416_ 554520. shtml，最后访问日期：2024 年 3 月 7 日。

二、黄某某为境外刺探、非法提供国家秘密案[①]

黄某某，案发前系婚纱摄影师。2019 年 7 月，被告人黄某某通过微信聊天与境外人员"琪姐"结识。在"琪姐"的指示下，于 2019 年 7 月至 2020 年 5 月间，黄某某利用在某军港附近海滩从事婚纱摄影的便利，使用专业照相器材、手机等远景拍摄军港周边停泊的军舰，为了避免暴露自己，黄某某还采用欺骗、金钱引诱等方式委托他人为自己拍摄该军港附近海湾全景。黄某某以每周 2 到 3 次的频率，累计拍摄达 90 余次，其中涉及军港军舰照片 384 张。黄某某将拍摄的照片通过网络以共用网盘、群组共享等方式发送给境外人员"琪姐"，共收取对方提供的报酬人民币 4 万余元。经鉴定，涉案照片涉及绝密级秘密 3 项，机密级秘密 2 项。

最终，黄某某因犯为境外刺探、非法提供国家秘密罪被判处有期徒刑十四年，剥夺政治权利五年，并处没收个人财产人民币四万元。

---

① 案例来源：最高人民检察院网，https://www.spp.gov.cn/xwfbh/dx-al/202204/t20220416_554520.shtml，最后访问日期：2024 年 3 月 7 日。

三、吴某某间谍案^①

被告人吴某某，男，案发前系某机场航务与运行管理部运行指挥员。2020年7月，被告人吴某某通过自己及其姐姐、哥哥等人的闲鱼账号在"闲鱼"软件承接跑腿业务，某间谍组织代理人"鱼总"通过"闲鱼"软件的自动回复号码搜索添加了被告人吴某某的微信。后吴某某在金钱诱惑下被"鱼总"发展，并接受其要求吴某某提供政府机关重要人员到某机场的行程信息，被告人吴某某利用自己在该机场运行管理部担任运行指挥员的便利，多次刺探、截获政府机关重要人员的行程信息，并通过境外聊天软件发送给"鱼总"，共收取"鱼总"提供的间谍经费人民币2.6万余元。经鉴定，被告人吴某某为间谍组织代理人"鱼总"提供的信息涉1项机密级军事秘密，2项秘密级军事秘密。

最终，吴某某因犯间谍罪被判处有期徒刑十三年，剥夺政治权利四年。

---

^① 案例来源：最高人民检察院网，https://www.spp.gov.cn/xwfbh/dx-al/202204/t20220416_ 554520.shtml，最后访问日期：2024年3月7日。

·89·

四、黄某某为境外刺探、非法提供国家秘密案①

被告人黄某某通过 QQ 与一位境外人员结识，后多次按照对方要求到军港附近进行观测，采取望远镜观看、手机拍摄等方式，搜集军港内军舰信息，整编后传送给对方，以获取报酬。至案发，黄某某累计向境外人员报送信息 90 余次，收取报酬 5.4 万元。经鉴定，黄某某向境外人员提供的信息属 1 项机密级军事秘密。

法院认为，被告人黄某某无视国家法律，接受境外人员指使，积极为境外人员刺探、非法提供国家秘密，其行为已构成为境外刺探、非法提供国家秘密罪。依照《中华人民共和国刑法》相关规定，对黄某某以为境外刺探、非法提供国家秘密罪判处有期徒刑五年，剥夺政治权利一年，并处没收个人财产人民币 5 万元。

五、闫某收集涉密文件资料泄密案②

闫某系某政法大学刑事侦查专业硕士研究生，研究方向为物证技术。2015 年 9 月至 2016 年 3 月，为撰写硕士论文收集资料，闫某从学校图书馆借阅了《刑事科技导论》《××市公安局 2010—2013

---

① 案例来源：最高人民法院网，https：//www.court.gov.cn/zixun/xian-gqing/151722.html，最后访问日期：2024 年 3 月 7 日。

② 案例来源：国家保密局网，http：//www.gjbmj.gov.cn/n1/2019/1115/c420077-31458076.html，最后访问日期：2024 年 3 月 7 日。

年刑事案件汇编》等书籍资料，部分标注"秘密"或"内部资料严禁外传"，又从其所属的刑事司法学院资料室借阅了《2009年××省公安机关政内保典型案例》《刑事勘验与现场绘图指南》等书刊，其中有1份标注"机密"。

经查，闫某都办理了普通的借阅手续，学校图书馆虽制定了关于涉密书刊资料外借和复制的规章制度，但没有得到严格执行，学院资料室仅在固定资产管理规定中提及涉密资料应当专人管理，但没有真正落实。闫某对借阅书刊资料进行拍照（部分使用文字识别软件转换为电子文档），保存在个人笔记本电脑中，在向其导师、校外导师报送稿件以及向7家杂志社投递稿件时，使用互联网邮箱传递了1份涉密资料。核查中还发现，闫某有使用互联网云盘备份资料的习惯，在其云盘上存储了大量专业资料，部分属于公安机关警务工作秘密信息。

事件发生后，学校上级主管部门组织对互联网上的涉密及内部信息进行清理，该政法大学重新制定了涉密书刊资料使用管理细则并指定各级管理责任人，同时依纪给予闫某记过处分，对其作出硕士论文内审不合格及延期毕业处理。

六、新入职员工涉密文件丢失案[①]

2019年6月，某部下属协会丢失1份机密级文件。经核查，2019年5月，该协会新入职员工程某，根据工作安排到部机关领取

---

① 案例来源：国家保密局网，http://www.gjbmj.gov.cn/n1/2020/0318/c420077-31637573.html，最后访问日期：2024年3月7日。

涉密文件后，在返回单位途中中暑，突感晕眩乏力，遂坐在地铁口台阶处休息，并从背包内取出装有文件的信封，用之扇风，随后又将信封放在台阶上，从包内取水解渴，走时却忘记将信封收回，遗落在台阶处，到单位后才发现文件不见，后经全力寻找未果，确认遗失。

案件发生后，该部责令涉案单位对保密工作进行了全面整改，对直接责任人程某作辞退处理，给予负有领导责任的黄某行政警告处分，并在单位全体会议上对2人进行通报批评。

七、公职人员微信泄密案①

2017年10月，某单位办公室副主任肖某，为向在外检查工作的分管领导汇报工作，找到保密员赵某查阅文件，擅自用手机对1份机密级文件部分内容进行拍照，并用微信点对点方式发送给在外检查工作的领导。案件发生后，有关部门撤销肖某办公室副主任职务，并调离办公室岗位；给予负责管理涉密文件的赵某行政警告处分；对负有领导责任或监管责任的李某、秦某和邵某进行诫勉谈话，并责令作出书面检查。

本案基本情节是有涉密事项需要向单位领导请示、汇报，但有关领导不在单位或本地，当事人擅自使用微信点对点方式发送给上级。点对点发送涉密文件资料的扩散范围要小于群发方式，但在违规性质上没有根本区别。

① 案例来源：国家保密局网，http://www.gjbmj.gov.cn/n1/2018/0605/c409095-30037166.html，最后访问日期：2024年3月7日。

2017 年 7 月，某市市委某部门工作人员宗某通过机要局将密码电报发往 12 个建制县（区），通过非密传真将密码电报发给 4 个非建制区。某区值班室工作人员杨某接到传真后，向区党工委委员徐某电话汇报密码电报的有关情况，徐某要求其通知该区综治办主任路某和社会事业局局长张某。杨某电话通知了张某，并按其要求用手机将密码电报拍成图片，以彩信的形式分别发给张某、徐某和该区副主任赵某。张某将收到的彩信图片以微信的形式发给社会事业局民政工作负责人陶某，并要求陶某"把通知发到民政微信群，并提出相关要求"。陶某遂将微信图片发至工作微信群，其中群成员某乡民政所所长张某又将微信图片转发到其他微信群，多次转发后被境外社交网站刊登。

本案涉及多种保密违规行为。宗某使用非密传真发送密码电报，杨某将密码电报拍成图片并使用彩信发送，张某使用微信点对点方式发送涉密图片，陶某、张某在微信群中发送涉密图片的情节，无一不构成违规。实际案件中，各种违规行为往往相互交织、互为作用，致使涉密信息一再扩散，微信仅构成其中一环或一种媒介，这也是信息化时代泄密渠道多元化的必然结果。

八、因违规进行信息设备维修导致泄密案①

送外维修易失控。2017 年 4 月，某单位综合处处长魏某为图工作方便，违规安排工勤人员将 1 台涉密计算机送外维修，致使维修

① 案例来源：国家保密局网，http://www.gjbmj.gov.cn/n1/2018/0829/c420077-30258182.html，最后访问日期：2024 年 3 月 7 日。

人员将该计算机连接互联网，并在该机上交叉使用两个非涉密U盘，造成相关涉密文件失控。魏某被给予党内警告处分。

雇人维修有风险。2016年11月，某机关单位两台涉密计算机发生故障，无法连接内部局域网。因当日网络维护技术人员生病住院，经单位负责人尼某同意，工作人员姬某联系某办公设备公司售后服务人员进行维修，维修人员在不知情的情况下，将涉密计算机连接互联网，导致多份内部文件外泄。尼某和姬某被诫勉谈话，并作出书面检查。

旁站监督要落实。2014年8月，某部委借调人员付某使用的涉密计算机出现故障，未经请示批准，私自将计算机送交其战友吕某维修，且没有落实旁站监督规定。其间，吕某因查找设备问题需要，多次使用该计算机连接互联网，后又因要重新安装操作系统，用个人U盘复制计算机相关文件进行保存，造成涉密信息失控。付某被给予行政警告处分。

九、私人交往和通信中传递国家秘密案①

2015年12月，E市某事业单位负责人杨某收到上级机关印发的1份机密级工作方案后，当日下午转交某科科长徐某，要求写出方案上报。徐某即安排工作人员周某撰写方案。12月4日，该单位合同制聘用人员王某来到周某办公室，在周某处理该文件时偷看到文件内容，认为该工作方案的内容与其好友余某的利益密切相关。

---

① 案例来源：国家保密局网，http://www.gjbmj.gov.cn/n1/2018/0424/c409095-29947637.html，最后访问日期：2024年3月7日。

为表现自己讲义气、够朋友，王某趁周某不备时，用手机偷拍了文件内容。12月5日，王某将该文件照片通过手机微信发送给余某。12月6日，余某又通过蓝牙方式传给好友李某，李某又将照片提供给好友苏某翻拍，造成严重泄密。

事件发生后，公安机关对王某、余某、李某采取了刑事拘留强制措施，苏某被公安机关采取取保候审强制措施。有关部门对杨某进行约谈；责令徐某作出深刻书面检查，取消年度评优资格，扣罚当月职务津贴；责令周某作出深刻书面检查，取消年度评优资格，并作内部通报批评处理。

本案中，王某见到涉密文件与好友利益密切相关，不惜铤而走险，用手机偷拍。余某、李某、苏某，一连串的"讲义气、够朋友"，导致知悉范围不断扩大。

十、工作场所和人员岗位变动过程中泄密案[①]

2014年6月，有关部门接到群众举报，某市A单位门口垃圾桶内有大量疑似涉密图纸资料。经鉴定，其中包含1份秘密级国家秘密。经查，2012年10月，A单位承担了一个重要工程项目，还与委托方签订了保密协议。此后，A单位办公场所搬迁过程中，公司档案管理人员廖某未认真核实，便将该项目设计图部分修改稿作为废品交清洁工丢弃在单位门口的垃圾桶内。事件发生后，有关部门给予直接责任人廖某经济处罚5000元，并给予其他责任人员数

---

① 案例来源：国家保密局网，http://www.gjbmj.gov.cn/n1/2018/0813/c420077-30226174.html，最后访问日期：2024年3月14日。

额不等经济处罚。同时，A单位赔偿项目委托单位10000元损失费。

2016年3月，有关部门检查发现，社会人员金某在互联网上违规销售1本秘密级图书。经查，2015年1月，D单位办公室主任方某领取了该书，后因岗位调整而忘记持有该书，致使该书被楼层保洁员混同其他非涉密老旧图书一并卖给了废品站，从而被金某购得并网上销售。事件发生后，有关部门给予方某党内严重警告处分，给予其他责任人相应处理。

十一、因保密制度执行不力导致泄密案①

2013年底，某国有大型金融企业接到上级单位发送的1份涉密文件，公司立即组织传达学习，并要求所属某业务部门牵头研究落实工作。公司文秘部门在文件传阅单上明确注明"该文件属于涉密文件，严禁复制"。然而，在文件传阅至牵头部门时，该部门负责人在明知文件属于国家秘密、严禁复制的情况下，安排员工违规复印了多份。此后，为了征求公司所属各部门的意见，该部门某员工又擅自将文件扫描制作成电子文稿，通过电子邮件发送给相关人员，并且将电子稿存放在个人QQ群中。一些员工在收到文件后，又将该文件转发，造成涉密文件在较大范围内泄露，最终被上传至互联网，造成严重泄密。

调查人员在调查过程中了解到，公司虽然有涉密文件管理制

① 案例来源：国家保密局网，http://www.gjbmj.gov.cn/n1/2016/1226/c409095-28978048.html，最后访问日期：2024年3月14日。

度，但并没有严格执行，当事人没有意识到该份文件的国家秘密属性，扫描、复印需要经过什么审批程序，而是按照日常文件进行处理，周围的领导或同事也没有提出异议。

十二、机关、单位工作人员违规存储、处理内部信息被追责案①

2015年10月，保密检查发现，某国有企业集团公司干部左某使用的非涉密计算机中存储4份标密文件。经鉴定，4份文件均不属于国家秘密，但属于不应公开的内部资料。事件发生后，有关部门给予左某行政降级处分，扣除其半年绩效奖励，调离项目组且三年内不得从事涉密工作，同时给予其党内警告处分。负有监管责任的集团公司保密办主任葛某等4人向集团公司保密委作出深刻检查，并给予通报批评。

2016年2月，某研究院所属产业规划研究所互联网产业研究部主任刘某，违反研究院保密及科研管理相关制度和要求，将该院承担某中央国家机关规划编制过程文件发送给无关人员，经评估确认未造成实际外泄后果。此外，核查中发现，刘某名下的笔记本电脑和移动硬盘中存有10余份涉及内部会议的记录，具有一定敏感性。事件发生后，有关部门给予刘某全院通报批评，责令作出深刻检查，取消评优资格等处理。

---

① 案例来源：国家保密局网，http://www.gjbmj.gov.cn/n1/2019/0621/c420077-31173435.html，最后访问日期：2024年3月7日。

以上两起都是机关、单位工作人员因违规存储、处理内部信息而被追责的典型案例，共同特征是违反了机关、单位有关内部信息的管理制度，对机关、单位的正常工作秩序造成干扰或影响。

图书在版编目（CIP）数据

中华人民共和国保守国家秘密法：问答普及版／中
国法制出版社编．—北京：中国法制出版社，2024.3
　ISBN 978-7-5216-4332-9

Ⅰ.①中… Ⅱ.①中… Ⅲ.①保密法-中国-问题解
答 Ⅳ.①D922.145

中国国家版本馆 CIP 数据核字（2024）第 042704 号

责任编辑：李宏伟　　　　　　　　　　　封面设计：杨鑫宇

中华人民共和国保守国家秘密法：问答普及版
ZHONGHUA RENMIN GONGHEGUO BAOSHOU GUOJIA MIMIFA：WENDA PUJIBAN

经销/新华书店
印刷/三河市国英印务有限公司
开本/880 毫米×1230 毫米　32 开　　　　　印张/3.5　字数/69 千
版次/2024 年 3 月第 1 版　　　　　　　　 2024 年 3 月第 1 次印刷

中国法制出版社出版
书号 ISBN 978-7-5216-4332-9　　　　　　　　　　　定价：18.00 元

北京市西城区西便门西里甲 16 号西便门办公区
邮政编码：100053　　　　　　　　　　　传真：010-63141600
网址：http：//www.zgfzs.com　　　　　　编辑部电话：**010-63141804**
市场营销部电话：010-63141612　　　　印务部电话：**010-63141606**

（如有印装质量问题，请与本社印务部联系。）